Doris Maurer

Das literarische Weimar – das literarische Bonn
Acht Porträts maßgeblicher Frauen

Bonner Verlags-Comptoir

Frauenleben der Goethezeit haben Doris Maurer (1951 – 2014) stets fasziniert. Sieben ihrer Vorträge zu acht literarischen Persönlichkeiten, die sich mit dem literarischen Leben Weimars und Bonns verbinden, sind hier zu einem Band zusammengefasst.

Die Deutsche Nationalbibliothek verzeichnet diese Publikation in der Deutschen Nationalbibliografie; detaillierte bibliografische Daten sind im Internet über http://dnb.dnb.de abrufbar.

Die Autorin hatte ihre handschriftlichen Texte, die hier transkribiert vorliegen, schon mit Blick auf die Vortragssituation geschrieben; gelegentlich wurde die Rechtschreibung in Zitaten dem heutigen Standard angeglichen, Füllwörter wurden herausgenommen, Streichungen vorgenommen, ohne dass dies in jedem Fall gekennzeichnet wurde.

Hinweise auf die Inhaber von Bild- und Textrechten finden Sie am Schluss des Bands.

Redaktion: Daniella Fugmann, Andrea Schmitt
Cover-Gestaltung: Rita Küster, www.kuester-steinbach.de
Layout: F5-Mediengestaltung, Bonn
Druck: Siebengebirgs-Druck, Bad Honnef

Dieses Werk ist in allen seinen Teilen urheberrechtlich geschützt.
Es ist ausdrücklich nicht gestattet, es ohne Zustimmung des Verlags zu vervielfältigen, zu übersetzen, zu scannen, es in elektronische Systeme einzuspeisen, es auf Netzplattformen bereitzustellen etc.

© Bonner Verlags-Comptoir, Bonn 2019

Bonner Verlags-Comptoir/
Edition Bonn-Venedig
Dr. Arnold E. Maurer
Wolfstraße 5
53111 Bonn

www.bonner-verlags-comptoir.de

ISBN 978-3-9816870-0-2

Inhalt

Vorbemerkung　6

Anna Amalia von Sachsen-Weimar-Eisenach
(1739 – 1807)　8

Charlotte von Stein
(1742 – 1827)　26

Christiane Vulpius/Christiane von Goethe
(1765 – 1816)　52

Ottilie von Pogwisch/Ottilie von Goethe
(1796 – 1872)　74

Charlotte von Kalb
(1761 – 1843)　90

Johanna und Adele Schopenhauer
(1766 – 1838 und 1797 – 1849)　112

Sibylla Mertens-Schaaffhausen
(1797 – 1857)　132

Bild- und Textnachweis　158

Vorbemerkung

Doris Maurer (1951 – 2014) befasste sich häufig mit dem, was man seinerzeit „Frauengeschichte" nannte, der Geschichte von Frauen, und verband dieses Interesse mit ihren literarhistorischen Forschungen zu Weimar und Bonn.

Einige Vorträge, die hier als Buch vorliegen, widmete sie Protagonistinnen der Goethezeit, Anna Amalia von Sachsen-Weimar, Charlotte von Stein, Christiane Vulpius, der Frau Goethes, und Ottilie von Goethe, Goethes Schwiegertochter, sowie Charlotte von Kalb, die zu Schiller in Beziehung stand und sich ebenfalls wiederholt in Weimar aufhielt.

Da die „Damen Schopenhauer" (Johanna und Adele) von der Ilm an den Rhein zu ihrer Freundin Sibylla Mertens-Schaaffhausen zogen, ergeben sich in den hier versammelten biographischen Beiträgen vielfältige Beziehungen zwischen Weimar und Bonn.

Das gilt auch für Ottilie von Goethe, einst verheiratet mit Goethes Sohn August, der ihre Freundin, die Bonner Salonnière, Mäzenin und Sammlerin Sibylla Mertens-Schaaffhausen, in einer existenziellen Situation half.

Kleine inhaltliche Überschneidungen zwischen den einzelnen Beiträgen ließen sich nicht vermeiden.

Arnold E. Maurer

Anna Amalia von Sachsen-Weimar-Eisenach
(1739 – 1807)

Anna Amalia von Sachsen-Weimar-Eisenach

»Meine Erziehung zielte auf nichts weniger als mich zu einer Regentin zu bilden; sie war, wie alle Fürstenkinder erzogen werden«, schreibt Anna Amalia in ihrem Lebensrückblick. Und sie wurde Regentin, sehr früh, und sie wurde eine gute Regentin, die alle in sie gesetzten Hoffnungen noch übertraf. Dennoch scheint sie – bei kritischer Betrachtung ihres Lebens – nicht von Zufriedenheit erfüllt gewesen zu sein – ganz im Gegenteil: »Von Kindheit an – die schönste Frühlingszeit meiner Jahre – was ist das alles gewesen? Nichts als Aufopferung für andere. Ein liebendes Herz war es, was ich von Dir, o Schöpfer, erhielt (...) Dies teure Geschenk ist eben das, was meine Ruhe verstört; jeder Tag und jede Stunde ist mit Schmerz und Kummer angefüllt. Bald sorget das zärtliche Mutterherz um das Wohl ihrer Kinder; bald hat es mit Neid, Tücke und Arglist zu kämpfen; bald hat es nötig, der eigenen warmen Empfindung Einhalt zu tun. – Ach! und zu warmes Blut, welches durch jede meiner Adern wühlet! Jeder Pulsschlag ist ein Gefühl von Zärtlichkeit, von Schmerz, von Zerknirschung der Seele. (...) Ein glückliches Gefühl ist mir übrig geblieben, dies soll mir keine menschliche Kraft benehmen; die Wollust, andere Mitmenschen glücklich zu machen. Dies sanfte Gefühl, diese entzückende reine Freude versüßt mir alle Leiden. Aber ach! es läßt mich nur desto schwerer empfinden, wie wenig ich glücklich bin.«

Mit solch einem Aufschrei beginnen Anna Amalias autobiographische Aufzeichnungen, die nach ihrem Tod gefunden wurden. Sehr wahrscheinlich hat sie diese Gedanken um 1772/73 niedergeschrieben – mit 33 Jahren, als sie noch Regentin von Sachsen-Weimar war und erfolgreiche wie beliebte Landesmutter. Tiefe Verzweiflung und Einsamkeit sprechen aus diesen Zeilen.

Trotz – oder wegen – ihres Hofstaats, ihrer Minister, ihrer Untertanen war die Herzogin allein, wusste es und versuchte, Trost und Zuflucht in der Religion zu finden: »*O Ruhe der Seele, wo soll ich Dich finden! Nicht bei dem schimmernden Glanze der Ehre, nicht in den Gütern der Welt – Bei Dir, o Schöpfer, bei Dir allein, o Quelle des Friedens! In der engsten Verbindung mit Dir hoffe ich sie zu finden!*«

Seit 1756 lebte Anna Amalia in Weimar, ihr Vater, der Herzog von Braunschweig, hatte sie als Sechzehnjährige mit dem kränklichen jungen Herzog Ernst August Constantin verheiratet: »*man verheiratete mich, so wie man gewöhnlich Fürstinnen vermählt …*«.

Für die junge Frau bedeutete diese Ehe zunächst einmal Befreiung von dem ungeliebten Elternhaus, in dem sie sich stets vernachlässigt und gequält gefühlt hat. Man ließ sie sehr deutlich spüren, dass sie nicht hübsch genug, keine blendende Erscheinung war, noch nicht einmal ein weiches, anschmiegsames Wesen zeigte. Anna Amalia reagierte auf die Zurücksetzung und ungerechte Behandlung mit zunehmendem Trotz und großer Bitterkeit: »*Nicht geliebt von meinen Eltern, immer zurückgesetzt, meinen Geschwistern in allen Stücken nachgesetzt, nannte man mich nur den Ausschuß der Natur.*

Ein feines Gefühl, welches ich von der Natur bekommen hatte, machte, daß ich sehr empfindlich die harte Begegnung fühlte; es brachte mich öfters zur Verzweiflung, daß ich einmal mir das Leben nehmen wollte.

Durch diese harte Unterdrückung zog ich mich ganz in mich selbst zurück, ich wurde zurückhaltend; ich bekam eine gewisse Standhaftigkeit, die bis zum Starrsinn ausbrach. Ich ließ mich geduldig schimpfen und schlagen und tat doch soviel wie möglich nach meinem Sinne.«

Zum erstenmal glücklich fühlt sie sich nach der Geburt ihres ersten Sohnes: Carl August. Sie ist wieder schwanger, noch keine neunzehn, als ihr Mann stirbt. Über ein Jahr währt das Tauziehen um die Machtverhältnisse in dem verwaisten Staat Sachsen-Weimar. Im Sommer 1759 setzt ihr Vater es durch, dass Anna Amalia vom Kaiser für mündig und zur Regentin erklärt wird. Bis zur Volljährigkeit Carl Augusts hat sie nun die Geschicke des Landes zu verantworten. Sie ist sich der Bedeutung ihrer Aufgabe von Anfang an bewusst: »*In meinem 18ten Jahre fing die größte Epoche meines Lebens an; ich wurde zum zweitenmal Mutter, wurde Witwe, Obervormünderin und Regentin.*«

In ihrem Tagebuch beschreibt Anna Amalia, wie hilflos sie sich zunächst fühlt, wie dann die Eitelkeit von ihr Besitz ergreift, sie dann jedoch ihre Unfähigkeit, ihre mangelnde Erfahrung deutlich spürt und sich vornimmt, an sich zu arbeiten, um ihre Aufgabe gut zu erfüllen, ein wahres Wechselbad der Gefühle: »*Die schnellen Veränderungen, welche Schlag auf Schlag kamen, machten einen solchen Tumult in meiner Seele, daß ich nicht zu mir selbst kommen konnte; ein Zusammenfluß von Ideen, von Gefühlen, die alle unentwickelt waren, kein Freund, vor dem ich mich aufschließen konnte. Ich fühlte meine Untüchtigkeit und dennoch mußte ich alles in mir finden. (…) Nachdem der erste Sturm vorüber war, und ich mit mehr Ruhe und Gelassenheit mich selber fühlen konnte, war meine erste Empfindung, daß meine Eitelkeit und Eigenliebe erwachte: Regentin zu sein, in solcher Jugend, unabhängig schalten und walten dürfen, konnte wohl nichts anders hervorbringen. Eine heimliche Stimme aber rief mir zu, ich hörte sie an, und kehrte in mich zurück. Da stand ich nun ganz nackend, meine Eigenliebe wurde gedemütigt durch das Gefühl meines Unvermögens. (…) Die Geschäfte, von denen ich nun gar nichts wußte, vertraute ich Leuten an, die durch lange Jahre und Routine Kenntnis davon besaßen. (…) Tag und Nacht studierte ich, mich selbst zu bilden und mich zu den Geschäften tüchtig zu machen.*«

Zum Erstaunen ihrer Umgebung versäumt die junge Herzogin keine Sitzung des Ministerrats, studiert fleißig Bücher über Staatskunst,

Gesetzgebung, Wirtschaftsfragen und zeigt sich schon bald umsichtig und entschlossen, zum Wohl ihres Landes zu wirken. Sachsen-Weimar hat die Fürsorge bitter nötig!

Durch die Bauwut des vorletzten Herzogs Ernst August I. war das Land fast völlig verarmt, durch den Siebenjährigen Krieg stark in Mitleidenschaft gezogen. Anna Amalia sieht sich mit ihren Beratern darin einig, dass eisern gespart werden muss; das gelingt. Als fast achtzehn Jahre später ihr Sohn die Regierung übernimmt, ist das Herzogtum so gut wie schuldenfrei!

Bei all ihrem unermüdlichen Einsatz, gut beraten von den Ministern Johann von Greiner, später von Jakob Friedrich Freiherrn von Fritsch, vermisst Anna Amalia dennoch immer wieder einen wirklichen Freund, mit dem sie sich beraten, dem sie sich anvertrauen kann.

Erstaunt und beglückt zugleich erkennt sie dann die väterliche Zuneigung ihres ersten Ministers Greiner und nimmt seine Fürsorge und Freundschaft dankbar an: *»Ich fand endlich einen Freund, mit aller der Freude, die man empfindet, wenn man einen Schatz gefunden hat. Wie glücklich und wie froh war ich!*

Mit Freuden unternehme ich, von diesem ehrwürdigen Manne zu sprechen und meine Dankbarkeit gegen ihn der ganzen Welt zu bekennen. Er hieß Greiner, war Geheimrat und saß mit in dem Geheime-Conseille. Er war nicht von den außerordentlichen großen Köpfen, aber ein gerad denkender, mit viel Vernunft begabter Mann. Er hatte von unten hinauf zu dienen anfangen, also daß er in denen Geschäften sehr wohl unterrichtet war und sich viele Kenntnis darin erworben hatte. Ein feines Gefühl beseelte ihn, also war er einer wahren Freundschaft fähig. Er war Freund seiner Freunde; seine Seele war zu edel, als daß er schmeicheln konnte. Dieses war der Mann, in dessen Arme ich mich warf; ich liebte ihn als meinen Vater. Von ihm habe ich die Wahrheit kennen und sie liebgewinnen lernen.«

Trotz des „Glücksfalls Greiner" bleibt Anna Amalia realistisch genug, sich bei anderen Menschen, die in ihrer Umgebung zu finden sind, keinerlei Illusionen hinzugeben. Sie weiß nur zu genau: *»Bei Fürsten aber ist es doppelt schwer, wahre Freunde zu finden, und wenn es wahre Freunde sind, sie zu erhalten: Sie sind von Jugend auf mit Ungeziefer umringt, hierdurch werden sie entweder mißtrauisch gegen alle oder werfen sich unwürdigen Menschen in die Arme. Treffen sie jemand an, den sie ihrer Freundschaft würdig achten, so ist es etwas sehr Seltenes, daß dieser nicht in seinem Gemüt sich über sich selbst erhebt und die freundschaftliche Neigung des Fürsten nicht mißbraucht. Es ist alsdann kein Wunder, wenn des Fürsten Freundschaft nicht lange besteht.«*

Letztlich muss sie sich doch immer nur auf sich verlassen können, also studiert sie eifrig, um ihrer Rolle als Regentin – unbeeinflusst von Schmeichlern – gerecht werden zu können.

Unter den Büchern, die Anna Amalia zu Rate zog, um sich zu vervollkommnen, war auch Christoph Martin Wielands Schrift „Der goldene Spiegel", in der dieser seine Vorstellung vom idealen Staat entwirft. An den Verfasser, der als Philosophieprofessor in Erfurt lebt, wendet sich die junge Herzogin mehrfach. Ihm vertraut sie ihre Selbstzweifel und ihr Unzulänglichkeitsgefühl an: *»Es wäre undankbar gegen die Vorsehung, wenn ich mich unter die Unglücklichen zählen wollte. Hat sie mich doch auf einen Platz gestellt, wo ich Tausende glücklich machen kann, was wahrlich die Befriedigung eines Regenten ausmacht, der darin seine Aufgabe sucht. Aber die ausgeprägte Empfindsamkeit, die mir eigen ist, läßt mich zugleich auch das ganze Gewicht meines Standes fühlen.*

Vielleicht bin ich zu gefühlvoll, und eine stärkere Seele als die meine würde sich darüber hinwegsetzen. Ich gestehe, daß ich mich bei diesem Gedanken ein wenig schwach fühle – kann eine Frau überhaupt eine starke Seele haben?«

Und Anna Amalia erhofft sich von Wieland im besonderen Hilfe bei der Erziehung ihres Erstgeborenen, da sie mit dessen Hofmeister, Graf Eustachius von Görtz, nicht mehr zufrieden ist. Sie befürchtet, dieser entfremde ihr den Sohn, verwöhne ihn zu sehr und schmeichle lediglich dem künftigen Herrscher. Anna Amalia bittet daher Wieland um eine Charakteristik ihres Sohnes. Ohne Scheu antwortet der Dichter: »*Der Prinz hat viel Feuer; er wird manchmal heftig und ungestüm sein und sich vergessen … er kann anmaßend, aufbrausend, übermäßig stolz, gelegentlich hart sein und Beleidigungen mit Rache erwidern (...) Man mache aus ihm einen aufgeklärten Fürsten, so will ich für sein Herz bürgen.«*

Weit davon entfernt, diese Offenheit zu tadeln, den abschließenden Satz etwa anmaßend zu finden, schreibt Anna Amalia höchst zufrieden zurück: »*Wenn ich mich jetzt über den Charakter meines ältesten Sohnes beruhigt fühle, so danke ich das Ihnen. (...) Ihre gründliche Einsicht, die sie mir wegen der weiteren Behandlung dieser jungen Pflanze mitgeteilt haben, soll mich ferner leiten. Das Glück meines Sohnes liegt mir zu sehr am Herzen, als daß ich nicht auf alles einginge, was zur Erfüllung meiner Wünsche beitragen kann. Ermessen Sie demnach die Größe meines Dankes, den ich Ihnen schulde.«*

Wieland wird als gut besoldeter Prinzenerzieher nach Weimar kommen und seine Professur in Erfurt aufgeben – mit ihm ist der erste Dichter in die Kleinstadt an der Ilm gezogen; der Grundstein zum späteren „Musenhof" Anna Amalias ist gelegt.

Joseph Rückert schreibt in seinen 1779 erschienenen „Bemerkungen über Weimar": »*Sie [Anna Amalia] erlöste Wielands Genius aus dem engen Käficht einer Professur in Erfurt, in welcher er durch seine ökonomischen Umstände eingesperrt schmachtete, rief ihn mit dem Titel eines Prinzen-Erziehers unter ihre Augen nach Weimar, gab ihm nach kurzer Zeit alle seine Muße, nebst 1000 Reichstaler jährlicher Pension, verdoppelt zurück, gab ihm Reiz und Beifall und – der große Mann ward.*«

Auch bei ihren Vorleseabenden hat Anna Amalia stets darauf geachtet, dass Wieland und seinem Werk genügend Achtung entgegengebracht wurde. Über einen Abend im Wittumspalais – da ist sie keine Regentin mehr – berichtet Johann Gottfried Herder: »*Bei der Herzogin-Mutter wird gewöhnlich montags gelesen, weil die Frau von Berlepsch am Lesen eine große Freude hat und selbst sehr gut liest. Einige Shakespearsche Stücke, Lessings Nathan und Emilie, Goethes Iphigenie, Tasso (…) Wielands Cervante (!), Liebe um Liebe, die Vögelchen u.a. sind so vorgetragen worden, sehr anmutig, und ich muß bekennen, daß Wielands Poesien mir noch nie in so reizendem Licht erschienen sind.*«

Bei allen täglichen Amtsgeschäften vergisst die Regentin nie, sich für die Kunst – für Musik, Theater, Malerei – einzusetzen und sie zu fördern. Soweit sie es sich finanziell erlauben kann, unterstützt sie die Jenaer Universität. Sie gründet die Fürstliche Bibliothek im sogenannten Grünen Schloß und stiftet zu diesem Zweck ihre eigene Büchersammlung.

1768 engagiert Anna Amalia die damals berühmte Kochsche Schauspieltruppe, einige Jahre später die Gesellschaft des Abel Seyler, die die besten Schauspieler der Zeit besaß, etwa Conrad Ekhof und Franziska Koch. Mehr als die Hälfte der Sitzplätze im Theatersaal des Schlosses stellt Anna Amalia für die Bürger der Stadt zur Verfügung – eine geradezu revolutionäre Maßnahme!

Und Weimar wird langsam aber sicher wieder für auswärtige Besucher attraktiv. Karl Freiherr von Lyncker, der als Page am Hof lebte, berichtet: »*Ohnerachtet der damaligen schlechten Beschaffenheit der mehrsten Quartiere war Weimar doch sehr besucht. Die junge Herzogin Amalie wurde im In- und Auslande hoch verehrt; ihr Hof galt für den anständigsten und angenehmsten in der ganzen Umgegend. (...) Eine Menge junger Kavaliere von guter Familie und Vermögen schätzten sich glücklich, den Kammerjunkertitel zu erhalten und am weimarischen Hofe weilen zu dürfen. (...) Die häufigen Diners und Bälle, das stehende Theater – [das] waren Mittel genug, den Hof glänzend zu machen (...)*«

Die Herzogin glaubt an den Erziehungsauftrag des Theaters, an die Möglichkeit, mit dramatischer Darstellung positiv auf die Menschen einwirken zu können. Da ihre Mittel zu bescheiden sind, um sich französische und italienische Maler, Sänger, Bildhauer zu leisten, sieht sich Anna Amalia gezwungen, auf einheimische Talente zurückzugreifen. So wird sie zur Förderin von deutscher Kunst und Literatur in einer Zeit, in der die Herrschenden nicht an die Möglichkeit einer nicht-französisch geprägten Kultur glauben. Besonders verächtlich zeigt sich ihr Onkel, Friedrich II. von Preußen, allen Bemühungen der deutschen Literatur gegenüber. Und seine Nichte Anna Amalia lässt deutsche Schauspiele aufführen und sorgt dafür, dass 1773 in Weimar die Uraufführung einer deutschen Oper stattfindet: „Alceste".

Der Text stammt von Christoph Martin Wieland, die Musik hat der Komponist der Seylerschen Truppe, Anton Schweitzer, verfasst. Die Öffentlichkeit ist mehr als skeptisch. Spöttisch schreibt Wieland im „Teutschen Merkur": »*Eine Oper in deutscher Zunge! In der Sprache, worin Karl der Fünfte nur mit seinem Pferde sprechen wollte? Von einem Deutschen gesetzt, von Deutschen gesungen: was kann man Gutes davon erwarten?*«

„Alceste" wird ein überwältigender Erfolg und bis zum verheerenden Schlossbrand 1774, der auch den Theatersaal vernichtet, immer wieder aufgeführt.

Musik und Theater stellen auch willkommene Abwechslung dar vom oft eintönigen und anstrengenden Alltagsgeschäft und auch Ablenkung von den Sorgen, die Anna Amalia zunehmend plagen. Während Constantin, der jüngere Sohn, zusammen mit seinem Erzieher Carl Ludwig von Knebel in Tiefurt wohnt, sich auf den Soldatenberuf vorbereitet, der Mutter noch keinen Kummer macht, wird Anna Amalias Verhältnis zu Carl August immer schwieriger. Auch Wielands Einfluss hat nicht vermocht, die Entfremdung zwischen Mutter und Sohn zu überwinden. Carl August drängt nach der Macht, hat einflussreiche Freunde, die bei dem künftigen Herrscher gegen die Regentin intrigieren, die ihrerseits Angst davor hat, einige ihrer Befugnisse aufzugeben. Immer häufiger kritisiert der Sohn öffentlich ihre Entscheidungen, und immer häufiger kommt es zu hässlichen Szenen. Verzweifelt teilt die Herzogin ihrem Minister von Fritsch mit: *»Kurz und gut, ich bin des Lebens müde, welches ich jetzt zu führen gezwungen bin. Ich bin nicht politisch genug, um meine Entrüstung immer vor denjenigen unterdrücken zu können, die selbige verdienen. Ich bin daher entschlossen, mich von der Regentschaft loszumachen, sobald Carl das siebzehnte Jahr erreicht haben wird.«*

Der erfahrene Fritsch, der die Eitelkeiten und Verletzungen beider Parteien sieht, rät behutsam, dem stürmischen Carl August seinen eigenen Hofstaat zu gewähren, ihn auch nach und nach an den Beratungen teilnehmen zu lassen, um ihn langsam in die Amtsgeschäfte hineinwachsen zu sehen und seinen Tatendrang zu befriedigen. Auch regt er an, die beiden Prinzen auf eine Bildungsreise zu schicken, die gleichzeitig der Brautwerbung Carl Augusts um Prinzessin Louise von Hessen-Darmstadt dienen soll.

Dem Begleiter bei dieser Fahrt, Knebel, trägt Anna Amalia auf, in Frankfurt doch den Dichter des „Werther", Goethe, aufzusuchen und ihren Söhnen vorzustellen. Die Reise verläuft glücklich: Carl August erringt das Jawort Louises, mit Johann Wolfgang Goethe versteht man sich prächtig, der Dichter wird nach Weimar eingeladen.

Dort kann Anna Amalia noch mit Hilfe ihres getreuen Ministers Fritsch dafür sorgen, dass der intrigante Graf Görtz, Carl Augusts ehemaliger Erzieher, auf den ungefährlichen Posten des Oberhofmeisters abgeschoben wird.

Danach bleibt ihr nichts anderes mehr zu tun, als ihrem Sohn am 3. September 1775 die Herrschaft zu übergeben, einen Monat später ihre Schwiegertochter zu begrüßen und sich zurückzuziehen. Von nun an wohnt Anna Amalia, die Herzoginmutter oder auch die Alte Herzogin, wie die nun Sechsunddreißigjährige genannt wird, im ehemaligen Stadthaus ihres Ministers Fritsch, das dieser ihr für die Kaufsumme zur Verfügung gestellt hat. Das bescheidene „Wittumspalais" wird aber einer der Mittelpunkte Weimars bleiben.

In den ersten Monaten nach Carl Augusts Regierungsantritt ist immer noch die Regentin Anna Amalia gefragt und zunehmend vonnöten. Der junge Herzog genießt zunächst einmal die Freiheit und denkt nicht daran, sich um seine Aufgaben zu kümmern. Die junge Herzogin Louise, schon kurz nach der Heirat enttäuscht und verschreckt, ist keine Hilfe. Und als Carl August dann auch noch seinen neuen Freund Goethe, kaum dass dieser in Weimar eingetroffen ist, zum Minister ernennen will, kommt es zum Eklat: Freiherr von Fritsch bittet um seine Entlassung, Carl August besteht trotzig auf seinem Recht.

Da greift Anna Amalia ein und schreibt ihrem ehemaligen engsten Berater einen langen, diplomatischen Brief, in dem sie ihn zu überzeugen sucht, dass Goethe kein Unwürdiger sei, den sie gewiss nicht neben ihrem Sohn duldete. Und sie appelliert an das Verantwortungsgefühl des beleidigten Ministers: »*Sie, die Sie so religiös, so gewissenhaft sind: können Sie einen jungen Regenten verlassen, der Vertrauen in Ihre Talente, Ihre Herzensgüte zeigt? Und noch dazu in einem Augenblick, wo Sie ihm so notwendig sind? (...) Sie sagen, man würde meinen Sohn überall tadeln, wenn er Goethe in das Konsilium setze. Aber wird man nicht auch Sie tadeln, Sie, der Sie den Dienst meines Sohnes einer so geringfügigen Ursache halber verlassen? Machen Sie doch Goethes Bekanntschaft, suchen Sie ihn selber kennenzulernen!*«

Freiherr von Fritsch bleibt, macht die Bekanntschaft Goethes, der ihn – und auch die anderen erfahrenen Minister – durch seinen Eifer und ernsten Arbeitswillen besänftigt. Und Anna Amalia hat Goethe sehr bald als unschätzbare Bereicherung des kulturellen Lebens in Weimar erkannt. Er gehört zu ihren häufigen Gästen im Wittumspalais, in Tiefurt, in Ettersburg, ist ein festes Mitglied ihres Musenhofs. Untätig sein, kann die Herzoginmutter nicht. Wenn sie später einmal Frau Rat Goethe klagt, in Weimar geschehe so gar nichts, alles, aber auch alles, müsse man aus sich selbst heraus schaffen, so hat sie diese Aufgabe hervorragend erfüllt. Mit Wieland treibt sie Sprachstudien, Englisch, Italienisch, Griechisch, um die großen Autoren der Weltliteratur im Original lesen zu können, mit ihren Freunden und ihrer Familie veranstaltet sie regelmäßig Liebhaberaufführungen, um das fehlende Theater zu ersetzen. Sie musiziert leidenschaftlich gern – spielt Harfe und Flöte. Sie komponiert auch, u. a. die Lieder zu Goethes „Erwin und Elmire", verfasst ein grundlegendes Werk über die Bedeutung der Musik, in dem sie die Gründung von Musikschulen als Pflicht eines jeden Regenten darstellt. Sie hat nur einen sehr kleinen Hofstaat: Stets umgeben ist sie von ihrer Hofdame Luise von Göchhausen, einer geistreichen, zuweilen witzig-bösartigen Dame, und Friedrich Hildebrand von Einsiedel, ihrem charmant auf allen Gebieten der Kunst dilettierenden Kammerherrn.

Dass die beständige Tätigkeit der Herzoginmutter, die vielen Unternehmungen, die dazu dienen, die Zeit sinnvoll auszufüllen, die immer drohende Langeweile zu vertreiben, für die Menschen in Anna Amalias Umgebung nicht immer beglückend waren, lässt der Stoßseufzer des Fräuleins von Göchhausen in einem Brief an Knebel ahnen: »*So sehr ich das Glück, bei der Herzogin zu sein, anerkenne, so brauche ich Ihnen auch die Nachteile dieses Glücks nicht vorzuerzählen. Einen ruhigen, mir eigenen Tag kann mir nur Schnupfen, Zahn- oder Ohrenweh verschaffen, das stellt sich dann freilich wohl zuweilen ein.*«

Neben Literatur, Malerei und Musik sind die Abende bei Anna Amalia ab 1791 in der sogenannten „Freitagsgesellschaft" auch der Wissenschaft gewidmet. Am Gründungsabend, dem 9. September 1791, hält Goethe die Eröffnungsansprache: »*Der Gewinnst der Gesellschaft wird die Mitteilung desjenigen sein, was man von Zeit zu Zeit hier erfährt, denkt und hervorbringt. Jede Bemühung wird lebhafter, wenn eine Zeit bestimmt ist, wo man mitten unter den Zerstreuungen des Lebens sich des Anteils geschätzter Menschen an dem, was man unternimmt, zum voraus versprechen kann.*

Der Ort, an dem wir zusammenkommen, die Zeit, in der wir uns zum erstenmal versammeln, die aufmerksame Gegenwart derjenigen, denen wir im einzelnen und im ganzen so vieles schuldig sind, alle vereinigten Umstände lassen uns hoffen, daß diese nur auf eine Zeitlang verbundene Gesellschaft ihre Dauer auf mehrere Jahre nützlich erstrecken werde.«

Im Wittumspalais und in Goethes Haus treffen sich die Gelehrten Weimars (Herder, Fabrikant Bertuch, Arzt Hufeland, der Kunsthistoriker Meyer etc.), Professoren aus Jena oder auch durchreisende Wissenschaftler, um über philosophische, theologische, politische und naturwissenschaftliche Themen Vorträge zu halten und zu diskutieren.

Anna Amalias Rolle als Gastgeberin bei diesen und anderen Gesprächsrunden hat wiederum ihr Page Karl von Lyncker gewürdigt: *»Man kann wohl nicht sagen, daß sich die Herzogin in mancherlei Worte ergossen und in größern oder kleinern Gesellschaften an ihrem oder dem nachmaligen regierenden Hofe anhaltend feurige Diskurse zu halten pflegte; sie verstand aber die Kunst, in engern Kreisen Gespräche auf die interessantesten Gegenstände zu bringen, wie ich dies späterhin bei Tafel hinter ihrem Stuhle besonders zu bemerken Gelegenheit hatte, wenn Wieland, Herder, Goethe und mehrere andere große Geister bei ihr speisten. Wurde jedoch die Unterhaltung sehr lebhaft und heftig, wozu die alten Weine, die der marschallierende Kammerherr v. Einsiedel immer sehr reichlich servieren ließ, nicht wenig beitragen mochten, so wußte sie eine solche sehr geschickt abzubrechen und auf gleichgültigere Gegenstände zu leiten.«*

Auch zeichnet Anna Amalia einige Zeitlang verantwortlich für das „Tiefurter Journal" – eine private Zeitung ihres Zirkels, in die jeder etwas Geistreiches, Literarisches, Poetisches oder sonstwie Aufzeichnungswürdiges schreiben durfte.

Das geistige Leben Weimars wurde angeregt von Anna Amalia, die ihre Stellung dazu benutzte, – wie man heute zu sagen pflegt – Kulturförderung zu leisten.

Jospeh Rückert lobt in seinem Bericht über Weimar aus dem Jahr 1799: *»Und wer kennt sie nicht, die große, vielbesungene Mäzenatin Wielands, Herders und Goethes, die Herzogin Amalie? Sie veredelte zuerst durch den milden Hauch der schönen Künste, die sie in jene Stadt rief, die Sitten und den Geschmack der rohen Einwohner; versammelte einen Kreis edler Geister um sich her, gründete eine Schule der Kunst und des guten Geschmacks und überhaupt die erste Stufe jener Kultur, auf der jetzt Weimar alle übrigen Städte Deutschlands überglänzt.«*

Zweimal allerdings ist die Herzoginmutter Weimar und ihrem engen Kreis entronnen: 1778 unternimmt sie eine ausgedehnte Reise an den Rhein, macht dabei Station in Frankfurt, um Frau Rat Goethe zu besuchen. Die beiden Damen fanden großen Gefallen aneinander! Und 1788 wagt sie sich – zum Entsetzen vieler Hofleute und Bürger – nach Italien. Sie ist fast fünfzig, und dann noch solch ein Abenteuer! Doch Goethes Erzählungen über seinen italienischen Aufenthalt haben in ihr die Sehnsucht nach dem Süden geweckt, wie sie Johann Heinrich Merck, ihrem Begleiter der Rheinreise, mitteilt: *»Wie glücklich bin ich, einmal meinen Wunsch in Erfüllung zu bringen und das schöne, natur- und kunstreiche Land mit eigenen Augen zu sehen und zu genießen! (...) Ich glaube, Italien ist für uns das, was der Fluß Lethe den Alten war: man vergnügt sich, in dem man alles Unangenehme, was man in der Welt erfahren hat, vergißt, und dadurch ein neugeborener Mensch wird.«* Begleitet von der Göchhausen, von Einsiedel und einem Arzt, macht sich die Herzoginmutter im August 1788 auf den Weg nach Rom. Sie bleibt fast zwei Jahre fort und genießt die Zeit sehr, wie man ihren lebhaften Briefen an Freunde in Weimar entnehmen kann. So schreibt sie im Mai 1789 an Knebel über die Zustände in Neapel: *»Der Vesuv, zu dessen Füßen ich jetzt wohne, hat die Höflichkeit, mir alle Abende ein kleines Feuerwerk zu geben. Für jemanden, der dergleichen nie sah, ist es eine große Erscheinung. Vor einigen Tagen war er mit Wolken ganz umkränzt, die Mündung ausgenommen, die eine dunkelrote hohe Flamme ausstieß. Die glühenden Steine, die er warf, tanzten leicht in der Luft. (...) Es war das schönste Schauspiel, das ich in meinem Leben gesehen habe.«*

Anna Amalia macht die Bekanntschaft Tischbeins, lernt die Maler Johann Georg Schütz und Angelika Kauffmann kennen, in Rom stößt Herder zu ihrer Reisegruppe, und im Mai 1790 holt Goethe die Herzoginmutter in Venedig ab und begleitet sie nach Hause. Sie hat in Italien viele Kunstwerke gekauft und richtet ein kleines Museum in Tiefurt ein; bald finden auch wieder die Abende im Wittumspalais statt.

Das letzte Jahrzehnt ihres Lebens beschert Anna Amalia viel Leid. Ihr zweiter Sohn Constantin, Major in kursächsischen Diensten, stirbt bei der Belagerung von Mainz im September 1793 an Typhus. 1806 erliegt ihr ältester Bruder, der Herzog von Braunschweig, den Verwundungen, die er bei der Schlacht von Auerstedt erlitten hat. Im Oktober desselben Jahres verlässt die Herzoginmutter zusammen mit der Göchhausen und Einsiedel Weimar in Begleitung ihrer Enkelin, Prinzessin Caroline, um diese vor den einrückenden französischen Truppen zu schützen. In Weimar wird die ungeliebte Schwiegertochter Louise dann durch ihre Haltung und Tapferkeit Napoleon beeindrucken.

Tiefurt wird geplündert, die Kunstschätze werden geraubt, der Braunschweiger Neffe gerät in französische Gefangenschaft; ihrem alten Vertrauten Knebel schreibt Anna Amalia: »*Zur jetzten Zeit muß man Geduld und Festigkeit haben, um nicht fortgeschleppt zu werden mit dem größten Haufen, um nicht auch so schlecht zu werden, als er ist. Denn Rechtschaffenheit und Redlichkeit gibt es nicht mehr.*«

Dennoch war ihre Disziplin bewunderungswürdig, wie ihr Sohn Carl August Mme de Staël mitteilt: »*Sie muß den Zusammenbruch ihrer Familie mitansehen, aber sie erträgt all diese Ereignisse mit großer Ruhe und verbirgt ihren Schmerz in sich selbst.*«

Ohne vorhergehende Krankheit stirbt Anna Amalia von Sachsen-Weimar am 10. April 1807. Ihr Erzieher Johann Friedrich Jerusalem hat 1754 über seine fünfzehnjährige Schülerin geurteilt: »*Sie hat die brillante Lebhaftigkeit nicht, aber eben den soliden Verstand, die feine Empfindung, das edle Herz (...) Sie wird daher vielleicht nie von allen gekannt werden, denn sie wird auch ihre Wohltaten verbergen, aber denen, die das Glück haben, ihr nahe zu sein, wird sie allemal unendlich schätzbar sein.*«

Im kleinen Weimar konnte Anna Amalia ihre Fähigkeiten entfalten: unter schwersten Bedingungen diszipliniert und erfolgreich regieren, voller Kunstverständnis anregen, aufbauen und gestalten. Weimar war ein Glück für Anna Amalia, und Anna Amalia war ein Glück für Weimar. In seiner Abschiedsrede dankt Goethe der Herzogin, der er sich immer verbunden gefühlt hat: »*Ja, es ist kein bedeutender Name von Weimar ausgegangen, der nicht in ihrem Kreis früher oder später gewirkt hätte.*«

Während ihres ganzen Daseins ist Anna Amalia ihrer Lebensmaxime gefolgt – mit unerschütterlicher Konsequenz, so als wolle sie deren Richtigkeit beweisen: »*Ein jeder hat soviel Kraft in sich, als er vonnöten hat.*«

Charlotte von Stein
(1742 – 1827)

Charlotte von Stein

1773 schrieb der bei den Damen so überaus beliebte Modearzt Johann Georg Zimmermann aus Bad Pyrmont an seinen Freund Lavater über eine interessante Bekanntschaft, die er gemacht hatte: »*Frau Kammerherrin, Stallmeisterin und Baronesse v. Stein aus Weimar. Sie hat überaus große schwarze Augen von der höchsten Schönheit. Ihre Stimme ist sanft und bedrückt. Ernst, Sanftmut, Gefälligkeit, leidende Tugend und feine, tiefgegründete Empfindsamkeit sieht jeder Mensch beim ersten Anblick auf ihrem Gesichte. Die Hofmanieren, die sie vollkommen an sich hat, sind bei ihr zu einer sehr seltenen hohen Simplizität veredelt ... sie ist sehr fromm und zwar mit einem rührend schwärmerischen Schwung der Seele. Aus ihrem leichten Zephirgang und aus ihrer theatralischen Fertigkeit in künstlichen Tänzen würdest du nicht schließen, was doch sehr wahr ist, daß stilles Mondenlicht und Mitternacht ihr Herz mit Gottesruhe füllt ... Sie ist einige und dreißig Jahre alt, hat sehr viele Kinder und schwache Nerven. Ihre Wangen sind sehr rot, ihre Haare ganz schwarz, ihre Haut italienisch wie ihre Augen. Der Körper mager, ihr ganzes Wesen elegant mit Simplizität.*«

Charlotte von Stein, geb. von Schardt, hielt sich in Pyrmont zur Kur auf, um sich von ihrer sechsten Schwangerschaft in knapp neun Ehejahren zu erholen, die letzte, siebte Geburt eines Kindes erfolgte im April 1774. Alle vier Mädchen starben bereits wenige Wochen und Monate nach der Geburt, nur die drei Söhne wuchsen heran.

Charlotte von Stein, seit Mai 1764 verheiratet mit dem Stallmeister der Herzogin von Weimar, mit Josias von Stein, lebte in einer langweiligen, sie nicht zufriedenstellenden Ehe, da ihr Mann ihr nicht geistiger Partner war. Er belächelte ihre Lektüre, ihr Klavierspiel, ihre Zeichenübungen und interessierte sich lediglich für Pferde und die Landwirtschaft. Sieben Kinder von einem ungeliebten Mann empfangen zu haben, und sieben sehr anstrengende, schwere Schwangerschaften ließen Charlotte von Stein früh müde und resigniert werden. Ab ihrem dreißigsten Lebensjahr kränkelte sie ständig, und sie erwartete nichts mehr vom Leben, das in den vorgesehenen Bahnen zu verlaufen schien. Geboren am 25. Dezember 1742 als Tochter eines Hofmanns, aufgewachsen in der kleinen Residenz, ständig Hofluft atmend, mit sechzehn Hoffräulein der Herzogin Anna Amalia, mit einundzwanzig Eheschließung mit einem Beamten des Hofs. Der tägliche Umgang setzte sich aus Menschen zusammen, die dem Hof ebenso eng verbunden waren, und die gesellschaftlichen Aktivitäten und Vergnügungen konzentrierten sich ebenfalls auf den Hof. Dabei darf man sich das alles nicht so prächtig vorstellen: Weimar hatte 1770 knapp 6000 Einwohner, davon gehörte 1% dem Adel an, die Stadt glich in ihrem ländlichen Charakter eher einem Dorf mit schlechten Straßen, unschönen Häusern – und überall musste gespart werden, auch bei Hofe. Die regelmäßigen Assembleen waren meist nichts anderes als gemeinsames Kartenspielen, Musizieren und Miteinander-Reden. Charlotte blieb häufig zu Haus, ihre labile Gesundheit erlaubte ihr, sich dem gesellschaftlichen Treiben, das ihr nicht immer angenehm war, zu entziehen. Sie las viel und war entzückt von „Werthers Leiden". Davon schrieb sie Zimmermann und auch, dass sie den Verfasser dieses herrlichen Werks wohl gerne kennenlernte. Der Arzt schrieb zurück: »*Sie verlangen, daß ich Ihnen von Goethe rede? Sie möchten ihn sehen? Ich werde sogleich über ihn berichten. Aber, arme Freundin, Sie bedenken es nicht. Sie wünschen, ihn zu sehen, und sie wissen nicht, bis zu welchem Punkte dieser liebenswürdige und bezaubernde Mann Ihnen gefährlich werden könnte! Ich schneide einen Stich aus Lavaters „Physiognomik" heraus, um Ihnen mit dieser Adlerphysiognomie ein Geschenk zu machen ... Eine Frau von Welt, die ihn oft gesehen hat, hat mir gesagt, daß Goethe der schönste, lebhafteste, ursprünglichste, feurigste, stürmischste, sanfteste, verführerischste und für ein Frauenherz gefährlichste Mann sei, den sie in ihrem Leben gesehen habe.«*

Da will doch jemand Schicksal spielen und ein bisschen kuppeln! Zimmermann war nicht ohne Grund bei den Damen so beliebt, er verstand sich auch auf die Seelenkunde und mochte wohl annehmen, dass ein kleiner erotischer Kitzel der ach so kühlen und unbefriedigten Frau von Stein nicht schadete. Er konnte ja nicht ahnen, welche Folgen das von ihm inszenierte Vorspiel zeitigte.

Am 7. November traf Goethe als Gast des jungen Herzogs Carl August in Weimar ein – geplant war ein Aufenthalt von einigen Monaten, aber der Dichter blieb in der kleinen Stadt an der Ilm bis zu seinem Tod. Der Herzog stellte den Freund noch im November seinem von ihm frisch beförderten Oberstallmeister von Stein und seiner Gattin vor, und bereits Anfang Dezember besuchte Goethe Frau von Stein auf ihrem Gut in Großkochberg und schrieb auf die innere Platte ihres Schreibtischs zur Erinnerung das Datum: „Goethe, d. 6. Dez. 75.". Doch noch im März 1776 berichtete Charlotte ihrem Korrespondenzpartner Zimmermann: *»Ich fühl´s, Goethe und ich werden niemals Freunde. Auch seine Art, mit unserm Geschlecht umzugehen, gefällt mir nicht. Er ist eigentlich, was man coquet nennt. Es ist nicht Achtung genug in seinem Umgang.«*

Bald schon erhielt Charlotte von dem sieben Jahre jüngeren Mann liebevolle Zettelchen und Briefchen, in denen er sie um ihr Wohlwollen, ihre Freundschaft, ihre Liebe bat. Doch Charlotte von Stein, die sich zwar fasziniert zeigte, hatte viel zu viel an Goethe zu tadeln, als dass sie ihm mit Zuneigung begegnen konnte. Erstens flirtete er hemmungslos mit jeder Dame des Hofs, „miselte" auch – wie er es nannte – mit den Dorfmädchen herum und veranstaltete zusammen mit dem Herzog einige Monate lang ein wüstes Sturm-und-Drang-Treiben mit nächtlichen Jagden, Saufgelagen und viel Lärm, so dass die älteren Mitglieder des Hofs zuerst besorgt und dann zunehmend empört reagierten. Klopstock – alarmiert durch übertriebene Berichte – schrieb einen mahnenden Brief, den Goethe arrogant zurückwies, denn er wollte sich nicht maßregeln lassen.

Von Charlotte von Stein hingegen ließ Goethe sich – zwar auch immer wieder widerstrebend, schmollend, aufbrausend – mehr als zehn Jahre erziehen; sie wurde ihm eine unersetzliche Lehrmeisterin. Was faszinierte den gerade Siebenundzwanzigjährigen an der sieben Jahre älteren Frau? Charlotte von Stein verfügte über keine herausragenden Geistesgaben, sie hatte die übliche Bildung für adlige Töchter genossen, sie war keine blendende Schönheit, sie wirkte durch eine unbefriedigende Ehe und die vielen belastenden Schwangerschaften resigniert und müde; sie kränkelte und machte einen eher ernsten, lebensverneinenden Eindruck. Abgesehen davon, dass sie verheiratet war, also eine Liebelei mit ihr nicht die von Goethe gefürchtete Konsequenz einer Ehe nach sich ziehen konnte, besaß Charlotte von Stein augenscheinlich nichts, was es sofort erklärlich macht, dass der ungestüme Freund des Herzogs sich in die distanzierte Hofdame verliebte und ihr bereits ab Januar 1776 zärtliche Briefe schrieb.

Gerade das Höfische, das Kühle, das Ernste bei Charlotte gefiel Goethe – das war genau das, was er brauchte. Frau von Stein wurde seine Besänftigerin, brachte ihm Manieren bei, verwies ihm jegliches Geniegebaren, alles Unkonventionelle war nicht erlaubt (so verbot sie ihm, sie zu duzen) – und sie hielt ihn auf Distanz.

Am 14. April 1776 sandte Goethe ein Gedicht an Charlotte von Stein, das – merkwürdig hellsichtig, ihre Beziehung beschreibt: die Beglückungen, die Schwierigkeiten, das nicht zu vermeidende Scheitern:

> »Warum gabst du uns die tiefen Blicke,
> Unsre Zukunft ahndungsvoll zu schaun,

Unsrer Liebe, unserm Erdenglücke
Wähnend selig nimmer hinzutraun?
Warum gabst uns, Schicksal, die Gefühle,
Uns einander in das Herz zu sehn,
Um durch all die seltenen Gewühle
Unser wahr Verhältnis auszuspähn?

Ach, so viele tausend Menschen kennen,
Dumpf sich treibend, kaum ihr eigen Herz,
Schweben zwecklos hin und her und rennen
Hoffnungslos in unversehnem Schmerz;
Jauchzen wieder, wenn der schnellen Freuden
Unerwart´te Morgenröte tagt.
Nur uns armen liebevollen beiden
Ist das wechselseit'ge Glück versagt,
Uns zu lieben, ohn uns zu verstehen,
In dem andern sehn, was er nie war,
Immer frisch auf Traumglück auszugehen
Und zu schwanken auch in Traumgefahr.

Glücklich, den ein leerer Traum beschäftigt!
Glücklich, dem die Ahndung eitel wär!
Jede Gegenwart und jeder Blick bekräftigt
Traum und Ahndung leider uns noch mehr.
Sag, was will das Schicksal uns bereiten?
Sag, wie band es uns so rein genau?
Ach, du warst in abgelebten Zeiten
Meine Schwester oder meine Frau.

Kanntest jeden Zug in meinem Wesen,
Spähtest, wie die reinste Nerve klingt,
Konntest mich mit einem Blicke lesen,
Den so schwer ein sterblich Aug durchdringt;
Tropftest Mäßigung dem heißen Blute,

Richtetest den wilden irren Lauf,
Und in deinen Engelsarmen ruhte
Die zerstörte Brust sich wieder auf;
Hieltest zauberleicht ihn angebunden
Und vergaukeltest ihm manchen Tag.
Welche Seligkeit glich jenen Wonnestunden,
Da er dankbar dir zu Füßen lag,
Fühlt' sein Herz an deinem Herzen schwellen,
Fühlte sich in deinem Auge gut,
Alle seine Sinnen sich erhellen
Und beruhigen sein brausend Blut!

Und von allem dem schwebt ein Erinnern
Nur noch um das ungewisse Herz,
Fühlt die alte Wahrheit ewig gleich im Innern,
Und der neue Zustand wird ihm Schmerz.
Und wir scheinen uns nur halb beseelet,
Dämmernd ist um uns der hellste Tag.
Glücklich, daß das Schicksal, das uns quälet,
Uns doch nicht verändern mag!«

Im April 1776 hatte Goethe an Wieland staunend über die Wirkung Frau von Steins auf ihn und nach Erklärungen suchend, schreiben wollen; das überlieferte Brieffragment lautet: »*Ich kann mir die Bedeutsamkeit – die Macht, die diese Frau über mich hat, anders nicht erklären, als durch die Seelenwanderung. – Ja, wir waren einst Mann und Weib! – Nun wissen wir von uns – verhüllt, in Geisterduft. – Ich habe keinen Namen für uns – die Vergangenheit – die Zukunft – das All.*«

Nur mögliche Gründe abgerissen-stammelnd vermochte Goethe vorzubringen; ihm selbst war nicht klar, wieso er sich mit solcher Leidenschaft zu Charlotte von Stein hingezogen fühlte, zu einer Frau, die ihn abwies, die ihm die kleinsten Vertraulichkeiten verbot, die alles an höfischem Benehmen, an vornehmer Zurückhaltung, an distanzierter Kühle besaß, was er vehement abzulehnen vorgab, zu einer Frau, die – glauben wir den Briefen Goethes vom Frühjahr 1776 – nur forderte und nichts gab.

»Wir können einander nichts sein und sind einander zu viel«, »Ich seh Dich eben künftig, wie man Sterne sieht!«, »Adieu, liebe Schwester, weil's denn so sein soll«, »... sollst auch Ruh vor mir haben«, »... da meine Liebe für Sie eine anhaltende Resignation ist ...«, »Wenn ich mit Ihnen nicht leben soll, so hilft mir Ihre Liebe so wenig, als die Liebe meiner Abwesenden, an der ich so reich bin.« Das alles klingt nicht nach freudigem Verliebtsein, nach gemeinsamem Glück. Immer wieder schrieb Goethe von der unglücklichen, verqueren Situation: Er liebte Charlotte und durfte sie nicht lieben, durfte seine Zärtlichkeit nicht zeigen, musste sich immer wieder zurücknehmen, sich Zurechtweisungen und Tadel gefallen lassen und dennoch anerkennen: *»Sie sind sich immer gleich, immer die unendliche Lieb und Güte«, »Ich danke Ihnen, daß Sie so viel besser gegen mich sind, als ich's verdiene«*.

Ende Mai berichtete Goethe seiner Brieffreundin Auguste Gräfin zu Stolberg, die bei ihm zeitweise als Beichtvater fungierte: *»Ich aß mit dem Herzog, nach Tisch ging ich zur Frau v. Stein, einem Engel von einem Weibe ..., der ich so oft die Beruhigung meines Herzens und manche der reinsten Glückseligkeiten zu verdanken habe.«*

Beruhigt, besänftigt hat Charlotte von Stein den jungen Mann. Sie hat ihn nicht nur, was seine Liebe zu ihr betraf, auf Distanz gehalten, sondern auch sonst seinem ungestümen Wesen Einhalt geboten, ihm das Geniegebaren abgewöhnt, ihn zurechtgestutzt. Die Rolle der ratenden, helfenden, manchmal schimpfenden Schwester war bei diesem Erziehungsgeschäft eine hilfreiche Konstruktion, eine Vorstellung, mit der sich Charlotte von Stein auch selbst beruhigte. Das Gedicht, das Goethe ihr am 14. April 1776 schickte, bestätigte ihr aber nicht nur, dass ihre Schule des höfischen, beherrschten Benehmens einen dankbaren Zögling gefunden hatte, sondern musste ihr auch klar machen, dass der Dichter ihrer Beziehung nicht traute und dieser ach so komplizierten Liebe keine wirkliche Überlebenschance zugestand.

Als Charlotte im Oktober 1776 für einige Tage von Großkochberg nach Weimar kam, um einen dort weilenden Verwandten zu sehen, verspürte Goethe wieder eine solch leidenschaftliche Liebe und erfuhr wohl erneut von der Freundin, wie sehr er sie mit solchen Gefühlen quälte, dass er sich unter Selbstvorwürfen wünschte, sie nicht mehr zu sehen und sie mit einer Madonna verglich: »Leben Sie wohl, Beste! Sie gehen, und, weiß Gott, was werden wird! Ich hätte dem Schicksal dankbar sein sollen, das mich in den ersten Augenblicken, da ich Sie wiedersah, so ganz rein fühlen ließ, wie lieb ich Sie habe, ich hätte mich damit begnügen und Sie nicht weiter sehen sollen. Verzeihen Sie! Ich seh nun, wie meine Gegenwart Sie plagt, wie lieb ist mir´s, daß Sie gehn, in einer Stadt hielt ich´s so nicht aus … Sie kommen mir (…) vor wie Madonna, die gen Himmel fährt, vergebens, daß ein Rückbleibender seine Arme nach ihr ausstreckt, vergebens, daß sein scheidender, tränenvoller Blick den ihrigen noch einmal niederwünscht, sie ist nur in den Glanz versunken, der sie umgibt, nur voll Sehnsucht nach der Krone, die ihr überm Haupt schwebt. Adieu doch, Liebe!«

Und die Frau, die Goethe als nur ihren höheren Zielen lebende, nicht zu bewegende Madonna sah, die ihn quälte und beglückte und für die er diesen verzweifelten Liebesbrief verfasste, schrieb auf die Rückseite des Briefs folgende Verse:

»Ob's unrecht ist, was ich empfinde –
und ob ich büßen muß die mir so liebe Sünde,
will mein Gewissen mir nicht sagen;
vernicht' es Himmel, du!, wenn mich's je könnt anklagen.«

Charlotte von Stein gestand sich selbst in diesen holprigen Versen ihre Zuneigung zu Goethe ein, ein Gefühl, das sie in ihrem moralischen Empfinden unsicher werden ließ. Sie, die so sehr auf Tugend achtete, die Goethe in seinem Brief als unberührbare Madonna schildert, die in ihrer Jugend eine strenge religiöse Erziehung genossen hatte, musste sich nun eingestehen, dass ihr Gewissen sie im Stich ließ. Sie wusste genau, dass ihre Liebesgefühle, gemessen an ihren festen Normen, unrecht waren, dass sie sündige Gedanken hegte. Aber sie behauptete – wider besseres Wissen –, sich nicht über ihre Lage im Klaren zu sein, denn die Sünde war ihr „so lieb". Charlotte wollte nicht zugeben, das zeigt dieser Vierzeiler, dass sie in Gedanken ihre eigenen Grenzen überschritten hatte – nur ihre eigenen. Denn die sie umgebende Adelsgesellschaft besaß nicht so starre, von der Mutter gelehrte Tugendbegriffe wie Charlotte von Stein. Ein außereheliches Verhältnis wurde im 18. und beginnenden 19. Jahrhundert von den höheren Kreisen ohne weiteres toleriert.

Charlotte, die, bis sie Goethe kennenlernte, keine Liebe empfunden hatte, von der Gefährdung durch Leidenschaft nichts wusste, die den stürmischen Verehrer immer wieder – aus Gründen der Schicklichkeit – zurückwies und dabei glaubte, sich korrekt zu verhalten, bewegte sich plötzlich auf unsicherem Grund. Sie schwankte zwischen ihren Wünschen und ihren ethischen Vorstellungen und rief in ihrer Verzweiflung den Himmel als höchste Instanz an. Auch ihre Bitte, die Empfindungen in ihr, falls sie unerlaubt sein sollten, zu vernichten, damit sie nicht schuldig würde, zeigt ihr hilfloses Kämpfen mit sich selbst. Allein die Tatsache, dass diese kühle Frau, deren Leben lange Zeit von tiefer Resignation bestimmt war, sich möglicherweise verbotene Gefühle eingestand, ist ein Zeichen dafür, dass sie sich verändert hatte, dass sie wieder lebte und dass sie liebte. Nur zeigen konnte sie diese Veränderung noch nicht, dazu war es zu früh, dazu war sie auch noch zu ängstlich und zu verkrampft. Zwar war Goethe fast täglich bei ihr zu Gast – Josias von Stein aß nahezu immer an der Hoftafel –, spielte mit ihren Söhnen und genoss ein Familienleben, ohne eigentlich dazuzugehören, aber das reichte ihm nicht. Frau von Stein glaubte seinen Liebesbeteuerungen nicht oder weigerte sich, ihnen zu glauben, sie war eine schwierige Freundin, die mit ihrer grüblerischen Art, mit ihren ständigen Zweifeln den jungen Mann, der sie verehrte, quälte.

Auch erwartete sie viel von den Menschen, mit denen sie umging, und ihr Hang zum Perfektionismus zeigte sich nur allzu oft in der Lust am Kritisieren.

Was sie als alternde Frau, im September 1801, an ihren Sohn Fritz schrieb, kann als die Maxime ihrer Art zu lieben angesehen werden: *»Ich kann nicht instinktmäßig lieben, wie ich's bei vielen sehe ... es verlangt mich nach Vollkommenheit, so viel es hier möglich ist, in dem Gegenstand, der mich an sich zieht.«*

Diese apodiktische Aussage macht auch die Grenzen der Liebesfähigkeit Charlottes deutlich, ihre Liebe musste ethisch zu begründen sein, Liebe um der Liebe willen war ihr fremd. Sie konnte nur lieben, wenn sie glaubte, einen Menschen gefunden zu haben, der sich ihrer Liebe wert erwies, z.B. in seinem Streben nach Vollkommenheit. Und sie war nicht leicht zufrieden! Ihre Söhne konnten ein Lied von der Kritisiersucht Charlottes singen. *»Ich habe meine Mutter recht lieb, nur ihre Facons nicht, vermöge welcher sie mit dem besten Willen vielleicht die unangenehmsten Sachen sagt«*, klagte Karl von Stein, als er längst ein verheirateter Mann war, einmal seinem Bruder Fritz.

Auch bei ihren wenigen Freunden: bei Herzogin Luise, bei ihrer Schwägerin Sophie von Schardt, bei Knebel, später bei Charlotte Schiller hielt sie sich nicht zurück, wenn sie was zu tadeln fand.

Das machte Charlotte von Stein zu keiner leichten Freundin, aber die wenigen Auserwählten konnten sicher sein, in ihr eine treue Freundin fürs ganze Leben gefunden zu haben.

Von Carl Ludwig von Knebel, der Frau von Stein sehr verehrte – nur nicht so stürmisch und gefährlich wie Goethe – stammt die ausführlichste Charakteristik Charlottes: »*Frau von Stein ist diejenige hier unter uns allen, von der ich am meisten Nahrung für mein Leben ziehe. Reines, richtiges Gefühl bei natürlicher, leidenschaftsloser, leichter Disposition haben sie bei eigenem Fleiß und durch den Umgang mit vorzüglichen Menschen, der ihrer äußerst feinen Wißbegierde zustatten kam, zu einem Wesen gebildet, dessen Dasein und Art in Deutschland schwerlich oft wieder zustande kommen dürfte. Sie ist ohne alle Prätention und Ziererei, gerade, natürlich, frei, nicht zu schwer und nicht zu leicht, ohne Enthusiasmus und doch mit geistiger Wärme, nimmt an allem Vernünftigen Anteil und an allem Menschlichen, ist wohlunterrichtet und hat feinen Takt, selbst Geschicklichkeit für die Kunst.*«

Das Bild Charlottes, wie es Knebel entwarf, zeigt viele Eigenschaften, von denen im Zusammenhang mit Frau von Stein stets die Rede ist und war: ihr Mangel an Koketterie, ihre Ehrlichkeit, ihre Leidenschaftslosigkeit, ihre Bildungsbereitschaft, ihre geistige Beweglichkeit, ihr Sinn fürs Schickliche, ihr Vernünftig-Sein, ihr Fleiß, ihre Ausgeglichenheit – alles Züge, die Goethe sicherlich bei der Gestaltung der Iphigenie und der Prinzessin im „Tasso", den er ausdrücklich als Huldigung an Charlotte betrachtete, berücksichtigt hat.

Charlotte von Stein bot dem Betrachter keine Extreme, man erwartete von ihr keine Ausbrüche irgendwelcher Art, nichts Unberechenbares und nichts Spontanes schien diese Frau zu haben – für einen Freund. Aber dem, der sie liebte, erschien sie in ihrer Kühle, in ihrem Entgegenkommen und dann wieder Abweisen mehr als unberechenbar, ja sogar geheimnisvoll. Doch dieses Schwanken zwischen Zu- und Abneigung war nicht gespielt, war keine weibliche Ziererei oder bewusstes Kokettieren. Charlotte von Stein war sich ihrer Gefühle für Goethe lange nicht sicher, unterdrückte sie auch aus Angst vor dem Gerede der Leute und aus Furcht vor sich und dem, was aus ihrer Liebe entstehen könnte. Ihre ernste Grunddisposition verbot ihr ein oberflächliches Liebeln, und für ein außereheliches Verhältnis war sie zu tugendhaft.

Doch Goethe meinte es ernst und entsprach immer mehr dem Bild, das sie sich von ihm schuf, er schien sich ihrer Idealvorstellung von der reinen Freundschaft zu nähern, und Charlotte wurde nachgiebiger, liebevoller. Im März 1781 schrieb ihr Goethe einen Brief, in dem er die mehr als fünfjährige Freundschaft zusammenfasste und Charlotte bat: »*Setzen Sie ihr gutes Werk fort, und lassen Sie mich jedes Band der Liebe: Freundschaft, Notwendigkeit, Leidenschaft und Gewohnheit mich täglich fester an Sie binden.*«

Auf diese Zeilen muss Charlotte mit dem Geständnis ihrer Liebe geantwortet haben, denn in seinem nächsten jubelnden Brief steht: »*Ich kann nicht mehr Sie schreiben, wie ich eine ganze Zeit nicht Du sagen konnte ... Meine Seele ist fest an die Deine gewachsen ... Ich wollte, daß es irgendein Gelübde oder Sakrament gäbe, das mich Dir auch sichtlich und gesetzlich zu eigen machte, wie wert sollte es mir sein.*« Aber die Freundin war nun einmal verheiratet, und es gab kein Sakrament, das diese enge Verbundenheit auch äußerlich anzeigen konnte. Goethe vermochte, die geliebte Frau nicht ganz für sich zu gewinnen, er konnte nur ihre Liebe und ihr Vertrauen genießen und hoffen, dass sich an ihrer Beziehung nichts änderte.

Der Dichter und der Oberstallmeister verstanden sich gut und respektierten sich. Goethe empfing Charlotte auch mit ihrem Mann im Gartenhaus, wenn Josias von Stein in Weimar war. Gemeinsam unternahmen die beiden Männer Reisen mit dem Herzog, und Herr von Stein ließ Goethes Briefe an seine Frau zusammen mit seinen Nachrichten durch ein und denselben Boten befördern. Er vertraute Charlotte und hatte gegen den Verehrer seiner Frau nichts einzuwenden. Obwohl Goethe gewiss der Gedanke an eine Heirat mit Charlotte einige Zeit lang nicht fern lag, erwies er Josias von Stein aus Liebe zu Charlotte so manche Gefälligkeit und begegnete ihm freundlich: »*Es wird mir recht natürlich, Steinen gefällig zu sein und ihm leben zu helfen. Ich bin es Dir schuldig, und was bin ich Dir nicht jeden Tag und den Deinigen schuldig. Was hilft alle (!) das Kreuzigen und Segnen der Liebe, wenn sie nicht tätig wird. Führe mich auf alles, was Dir gefallen kann, ich bitte Dich, denn ich fühl's nicht immer.*«

Charlottes Biograf Wilhelm Bode berichtet, dass Josias von Stein auch an den gelegentlichen Klatschereien, die es gewiss in Weimar gegeben haben mag, keinen Anstoß nahm, weil er wusste, dass er sich auf seine Frau und ihre Anerkennung des Schicklichen fest verlassen konnte, obwohl er mit ihr nicht in leidenschaftlicher Liebe verbunden war.

Josias von Stein, die Mitglieder der herzoglichen Familie und der Hofgesellschaft fanden am Umgang Charlotte von Steins mit Goethe nichts zu tadeln. Eine außerehelich-sexuelle Beziehung hätte in Weimar nicht verborgen bleiben können und wäre gewiss nicht von Herzogin Luise, die für ihre Sittenstrenge bekannt war, gebilligt worden, aber ihr war Charlotte stets die vertrauteste und geliebteste Freundin. Schiller gab die allgemeine Meinung, die in Weimar herrschte, wieder, als er seinem Freund Körner nach der ersten Begegnung mit Charlotte von Stein über deren Verhältnis zu Goethe berichtete: »Man sagt, daß ihr Umgang ganz rein und untadelhaft sein soll.«

Die Jahre von 1781 bis 1786 zeigen Goethe in immer größerer Dankbarkeit, in seinen Briefen beteuert er stets, dass Charlotte ihm die einzige Frau geworden sei, der er lieben könne, durch die er sich beruhigt, sein Leben geordnet sehe, mit der er alles besprechen könne.

Aber trotz des regen geistigen Austauschs, trotz der gegenseitigen Liebesbeteuerungen – Goethe dankte häufig für ihre liebevollen Briefe, aus denen er ihre Treue erkannte – kam es immer wieder zu heftigen Auseinandersetzungen und tiefen Verstimmungen; Charlotte war nicht einfach im Umgang, aber eine beleidigte Charlotte stellte den Liebhaber vor eine harte Aufgabe, sie hatte kein weiches Naturell, sie konnte nicht nachgeben und nur sehr schwer verzeihen. Unstimmigkeiten waren häufig erst nach Wochen beigelegt.

Frau von Stein und Goethe galten in der Weimarer Gesellschaft als ein allgemein anerkanntes Paar. Frau von Stein als die Vertraute Goethes wurde von vielen auswärtigen Gästen aufgesucht, und alle berichteten nur Wohlwollendes. Schillers Geliebte, Charlotte von Kalb, kam im Frühjahr 1786 nach Weimar, sie kannte Frau von Stein bereits, hatte sie zehn Jahre zuvor schon einmal getroffen und damals von ihr geschwärmt: »*Denn es ist etwas Seltenes, aber Erfreuliches, ein Weib zu erblicken, welches den Jahren nach Matrone genannt werden könnte und noch die sanfte Neigung grünender Gesinnung erregt ... Bedacht gewählt war ihre Kleidung ... weißer Taft, im braunen Haar eine dunkle Rose, vom Blondenschleier fast bedeckt, und also reichlich war auch ihr Gewand geziert. Und so gedenke ich auch, daß wir uns alle rosafarbene Schuhe machen ließen, weil sie ihr so wohl gekleidet.*« Hatte sich Charlotte von Kalb 1776 noch durch die elegante Erscheinung der Frau von Stein beeindruckt gezeigt, so war sie ihr 1786 als Vertraute Goethes interessant und als beherrschte, äußerlich völlig harmonische Gestalt, die sich ihrer Wirkung bewusst war: »*Nun fand ich, sie war verändert, doch bleibt der Schein alles Glückes dem Menschen eigen. Wenngleich auch vieles mit der Zeit vergeht, war stets ihr äußerer Zustand gesichert. Erwogene Berechnung bestimmte ihren gewaltsamen Einfluß in manchem Verhältnis. Gleichmäßig, ohne Betonung, ihre Rede ... Bald nach diesem ersten Sehen teilte sie mir schon manches von Goethe mit ... So las ich gierig Manuskripte, und auch Briefe wurden mir anvertraut.*«

Die Tatsache, dass Charlotte von Stein einer ihr nicht sonderlich gut bekannten, wesentlich jüngeren Frau von ihrer Beziehung zu Goethe erzählte, sie Briefe von ihm lesen ließ, ja sich quasi mit dieser Freundschaft schmückte, erstaunt, wirkt wie weibliches Kokettieren, das Charlotte doch so fremd sein sollte.

War Charlotte im Frühsommer 1786 vielleicht doch nicht so ahnungslos, wie manche ihrer Biografen uns glauben machen wollen, hat sie sich nicht nur in scheinbarer Sicherheit gewiegt und stattdessen gemerkt, wie Goethe sich von ihr fortbewegte? Das könnte zumindest ihr befremdlich anmutendes Verhalten gegenüber Charlotte von Kalb erklären helfen: Eine Frau, die um ihre Liebe fürchtet und die glaubt, sie durch öffentliches Zeigen festbannen zu können.

Goethe wurde immer schwieriger, immer unzufriedener mit seiner Lage in Weimar, immer unruhiger. Zwar kamen noch täglich seine Liebesbriefe, aber es mischten sich seltsame Töne in seine Dankbarkeitsbezeigungen und Treuegelöbnisse: »*Meine Lotte sollte mir wirklich auf einige Zeit Urlaub geben und mich nicht immer enger und enger an sich ziehen und befestigen*«, »*Leb wohl, und wenn bei Dir eine Bitte stattfindet, so wecke den Amor nicht, wenn der unruhige Knabe ein Kissen gefunden hat und schlummert*«, »*Recht feierlich, liebe Lotte, möcht' ich Dich bitten, vermehre nicht durch Dein süßes Betragen täglich meine Liebe zu Dir!*«

Charlotte zeigte sich in ihren Briefen an Freunde und Verwandte unzufrieden mit dem verschlossenen, mürrischen Goethe. Sie gestand Knebel im Mai 1786: »*Goethe lebt in seinen Betrachtungen, aber er teilt sie nicht mit. Dies ist eine Tugend, die Sie nur besitzen! Aber ich bedauere den armen Goethe: Wem wohl ist, der spricht!*«

Und Goethe fühlte sich nicht mehr wohl in Weimar, er war bedrückt und zutiefst unzufrieden und daran konnte auch Charlottes Gegenwart nichts ändern.

Goethe fuhr am 27. Juli 1786 zu Charlotte nach Karlsbad, am 14. August begleitete er sie ein Stück auf ihrer Rückreise. Sie erhielt bald darauf Nachricht von ihm, dass er für einige Zeit verreisen wollte. Was sie Knebel mitteilte: »*Ich habe unsers Freundes Geburtstag mit der Imhoff in seinem Garten zugebracht und ihm eine kleine Gabe an seinen Schreibtisch gelegt; ich will Ihres Herzens Andenken noch dazulegen. Den 23. hab ich einen Brief von Goethe, wo er mir schreibt, er werde noch acht Tage in Karlsbad bleiben, alsdann dunkel und unbekannt eine Weile in Wäldern und Bergen herumziehen, so daß er unter sechs Wochen nicht hier sein wird.*«

Durch eine Nachlässigkeit von Goethes Diener erhielt Charlotte von Stein die ersten Teile des Tagebuchs der italienischen Reise Goethes verspätet und erfuhr auch nicht eher als andere Weimarer Freunde, dass man sich auf den Weg nach Rom gemacht hatte – heimlich! Sie schrieb Goethe böse, verletzte Briefe, die ihn bereits Ende 1786 fühlen ließen, seine Rückkehr dürfte nicht problemlos sein: »*Laß mich Dir nur noch für Deinen Brief danken! Laß mich einen Augenblick vergessen, was er Schmerzliches enthält. Meine Liebe! Meine Liebe! Ich bitte Dich nur fußfällig, flehentlich, erleichtere mir meine Rückkehr zu Dir, daß ich nicht in der weiten Welt verbannt bleibe. Verzeih mir großmütig, was ich gegen Dich gefehlt und richte mich auf. Sage mir oft und viel, wie Du lebst, daß Du wohl bist, daß Du mich liebst.*«

Aber großmütiges Verzeihen war nicht Charlottes Sache; sie empfand Goethes wortloses Verschwinden beleidigt als einen großen Vertrauensbruch, der viel in ihr zerstört hatte. Nach außen hin bemühte sie sich, als der erste heftige Schmerz vorbeigegangen war, um Haltung, gewann ihre gesellschaftliche Fassung wieder, aber die konventionelle Tünche war dünn und rissig, immer wieder verriet sie, wie sehr sie sich verwundet fühlte. An ihrem vierundvierzigsten Geburtstag, am 25. Dezember 1786, schrieb sie an Charlotte von Lengefeld: »*Aus Rom habe ich viele hübsche Briefe vom Goethe, die ich Ihnen, wenn Sie zu uns kommen, will zu lesen geben. Daß er wieder zu uns zurück will, ist gewiß sein Vorsatz, aber der Himmel beschließt manchmal anders als wir gebundenen Sterblichen wollen. Ein bißchen unartig hat er seine Freunde verlassen.«*

Für Charlotte waren die Jahre mit Goethe – trotz so mancher Verstimmung und Schwierigkeiten – ein Genuss gewesen. Sie hatte sich in dieser so merkwürdigen, letztlich auch unnatürlichen Beziehung mehr als wohl gefühlt; sie hatte sich ja auch durchgesetzt: das Verhältnis pendelte sich ein auf eine zärtlich, freundschaftliche Ebene, sie blieb bei ihrem Ehemann und war dennoch für den Freund die einzige Frau, die ihm etwas bedeutete. Mit dem plötzlichen, unangekündigten und sie deshalb tief verletzenden Verschwinden Goethes sah sich Charlotte von Stein in all ihren Zukunftsvisionen, was das Zusammenleben mit ihrem Freund betraf, getäuscht, alleingelassen.

Sie war zunächst wie betäubt, schwankte hilflos zwischen Zorn und Verzweiflung, sie verstand die Flucht Goethes nicht oder wollte sie nicht begreifen, denn dann hätte sie bereits Ende 1786 an ihrer Macht über den geliebten Mann zweifeln müssen, und sie hatte so unendlich viel mehr verloren, als der Dichter wahrhaben wollte oder konnte.

Zwar nahmen die beiden ihren regelmäßigen Briefwechsel ab 1787 wieder auf, zwar musste Charlotte aufgrund der ihr zugehenden Tagebücher Goethes einsehen, dass der Geliebte auch im fernen Italien an sie dachte, aber hellsichtig fürchtete sie die Entfernung, die zwangsläufig eine Entfremdung mit sich bringen musste, da der eine Partner so reiche Erfahrungen machte, sein Wissen so sehr erweiterte, während der andere dort stehen blieb, wo man ihn verlassen hatte.

Die Entfernung der Liebenden voneinander verklärte nicht mehr – wie vorher etwa bei kurzen Abwesenheiten – sie machte das Verhältnis wieder problematisch und ließ alte heikle Themen zwischen Charlotte und Goethe wieder auftauchen.

In Italien wagte es Goethe zum ersten Mal, der Freundin schriftlich mitzuteilen, dass sie es nicht vermocht hatte, ihn in einer freundschaftlichen, nicht-sexuellen Liebe zu beruhigen. Er hatte sich zwar gefügt und sich erziehen lassen, hatte Haltung gezeigt und sich den Wünschen Charlottes gebeugt – aber offensichtlich nur mit halbem Herzen. In Goethes Brief vom 21. Februar 1787 wird das Unnatürliche des Verhältnisses, der Zwang, den diese Beziehung dem jungen Mann auferlegte, unverblümt ausgesprochen; ja, es scheint so, als ließe sich – nach diesen Zeilen – das Problematische der Liebesbeziehung zwischen Frau von Stein und Goethe auf die fehlende sexuelle Erfüllung reduzieren: »*An Dir häng ich mit allen Fasern meines Wesens. Es ist entsetzlich, was mich oft Erinnerungen zerreißen. Ach, liebe Lotte, Du weißt nicht, welche Gewalt ich mir angetan habe und antue, und daß der Gedanke, Dich nicht zu besitzen, mich doch im Grunde, ich mag's nehmen und stellen und legen, wie ich will, aufreibt und aufzehrt. Ich mag meiner Liebe zu Dir Formen geben, welche ich will, immer, immer – Verzeih mir, daß ich Dir wieder einmal sage, was so lange stockt und verstummt. Wenn ich Dir meine Gesinnungen, meine Gedanken der Tage, der seltsamsten Stunden sagen könnte. Leb wohl. Ich bin heute konfus und fast schwach. Lebe wohl, Liebe mich ...*«

Obgleich es sich bei diesem Brief Goethes um ein einmaliges emotionsgeladenes Dokument handelt, muss er Charlotte als ein ungeheuerlicher Rückfall in von ihr längst verdrängte Phasen ihrer Beziehung erschienen sein – um wieviel mehr konnte sie nach der Lektüre dieser verzweifelten Zeilen den unheilvollen Einfluss des Südens auf ihren Freund fürchten, ahnend, dass ihre Einwirkung auf ihn proportional zur Entfernung abgenommen hatte.

Charlotte litt unter Goethes Abwesenheit, sie kränkelte wieder häufig, alterte sehr und trat ihrem „ehemaligen Freund", wie sie ihn dann nannte, nach seiner Rückkehr im Juni 1788 kalt und ablehnend gegenüber, forderte ihre Briefe zurück, die sie später verbrannte. Als sie dann im Frühjahr 1789 von seinem Verhältnis mit Christiane Vulpius erfuhr, schrieb Charlotte einen harten, fordernden Brief an Goethe; er antwortete am 1. Juni, und seine Zeilen zerstörten in ihr die letzten Reste von Hoffnung auf ein Wiederbeleben der alten Freundschaft und Liebe: *»Wie sehr ich dich liebe, wie sehr ich meine Pflicht gegen Dich und Fritzen kenne, hab ich durch meine Rückkunft aus Italien bewiesen. Nach des Herzogs Willen wäre ich noch dort ... Was ich in Italien verlassen habe, mag ich nicht wiederholen. Du hast mein Vertrauen darüber unfreundlich genug aufgenommen. Leider warst Du, als ich ankam, in einer sonderbaren Stimmung, und ich gestehe aufrichtig, daß die Art, wie Du mich empfingst, wie mich andre nahmen, für mich äußerst empfindlich war ... Und das alles eh von einem Verhältnis die Rede sein konnte, das Dich so sehr zu kränken scheint. Und welch ein Verhältnis ist es? Wer wird dadurch verkürzt? Wer macht Anspruch an die Empfindungen, die ich dem armen Geschöpf gönne? Wer an die Stunden, die ich mit ihr zubringe? Frage Fritzen, Herdern, jeden, der mir näher ist, ob ich anteilnehmender, weniger mitteilend, untätiger für meine Freunde bin als vorher? Ob ich nicht vielmehr ihnen und der Gesellschaft erst recht angehöre.*

Und es müsste durch ein Wunder geschehen, wenn ich allein zu Dir das beste, innigste Verhältnis verloren haben sollte. Wie lebhaft habe ich empfunden, daß es noch da ist, wenn ich Dich einmal gestimmt fand, mit mir über interessante Gegenstände zu sprechen. Aber das gestehe ich gern, die Art, wie Du mich bisher behandelt hast, kann ich nicht erdulden. Wenn ich gesprächig war, hast Du mir die Lippen verschlossen, wenn ich mitteilend war, hast Du mich der Gleichgültigkeit, wenn ich für Freunde tätig war, der Kälte und Nachlässigkeit beschuldigt. Jede meiner Mienen hast Du kontrol-

liert, meine Bewegungen, meine Art zu sein, getadelt und mich immer mal à mon aise gesetzt. Wo sollte da Vertrauen und Offenheit gedeihen, wenn Du mich mit vorsätzlicher Laune von Dir stießest.

Ich möchte gern noch manches hinzufügen, wenn ich nicht befürchtete, daß es Dich bei Deiner Gemütsverfassung eher beleidigen als versöhnen könnte.«

Mit diesem harten Brief Goethes, der nicht nur keinesfalls um Verzeihung bat, sondern Charlotte mit – z. T. berechtigten – Vorwürfen überhäufte, hatte Frau von Stein nicht gerechnet. Darauf konnte sie nicht mehr antworten, nur noch ein großes O mit drei Ausrufezeichen hat sie auf den Briefbogen geschrieben – Zeichen des hilflosen Entsetzens und des ohnmächtigen Zorns.

Man kann sich des Eindrucks nicht erwehren, Goethe habe in seinem Brief vom 1. Juni 1789 Charlotte endlich einmal alles das geschrieben, was er schon lange mit sich herumgetragen hatte. Zunächst einmal glaubte er, wegen seiner Rückkehr aus Italien Lob zu verdienen, weil er doch – wie er immer wieder in seinen Briefen aus Rom, Neapel, Palermo zu verstehen gab – am liebsten geblieben wäre. Offensichtlich war es ihm nicht möglich zu begreifen, dass die Art seiner Abreise, seine Heimlichkeit, seine offensichtliche Bevorzugung des fremden Landes und die Länge seiner Abwesenheit nicht gerade zu Charlottes Glück beigetragen hatten. Er war fortgeeilt, um sich selbst wiederzufinden, um zu gesunden, er wollte sich retten – ohne Rücksicht auf andere. Er hatte sein Ziel erreicht – allein – und verstand einfach nicht, dass die von ihm über Nacht Verlassene nicht in Dankbarkeit über den wiedergefundenen neuen Goethe dahinschmolz, dass sie auch zu verstimmt war, seinen Hymnen auf Italien zu lauschen, die ihr letztlich immer wieder nur bestätigten, dass sie in seinem Leben nicht mehr das Wichtigste und überflüssig geworden war. Goethe sah und spürte Charlottes Kälte, weigerte sich, die Schuld bei sich zu suchen, mied stattdessen die Freundin und wurde durch die eisige Atmosphäre, die ihm entgegenschlug, um so geneigter, ein unkompliziertes, ihn wärmendes Liebesverhältnis einzugehen.

Zu Recht weist Goethe darauf hin, dass Charlotte ihm bereits, bevor sie von Christiane wusste, unfreundlich begegnete. Und geradezu brutal spricht er ihr jegliche Berechtigung ab, seine Liebschaft zu kritisieren. Nicht nur, dass er behauptet, erst durch seine Beziehung zu seiner jungen Geliebten wieder richtig seinen Freunden und der Gesellschaft zu gehören – das schließt indirekt den Vorwurf ein, Charlotte sei an seiner vorherigen Isolation zumindest mitschuldig –, nein, er stößt die Freundin unnachsichtig darauf, dass die Liebe, die Christiane ihm gewährt, sie nicht zu stören habe, weil sie ja die Art von Liebe sei, die sie ihm nie gewährt habe.

Es muss für Charlotte ungeheuerlich gewesen sein, dass Goethe behauptete, nur durch ein Wunder könne die innige Beziehung zwischen ihnen durch sein Abenteuer mit Christiane tangiert werden – bei allen anderen Freunden mache es ja auch nichts aus. Als hätte er vergessen, wieviel mehr sie ihm war als Freundin.

Als wisse er nicht mehr, dass der größte Teil ihrer – von ihm geforderten – Erziehungsarbeit darauf hinausgelaufen war, ein reines liebevolles Verhältnis zu ermöglichen. Und nun plötzlich nahezu selbstverständliche Ansprüche an sexuelle Befriedigung, die er fein säuberlich von ihrer Beziehung getrennt wissen wollte! Charlotte konnte, verwundet und beleidigt, nun bestimmt nicht mehr begreifen, dass sie Goethe die ganze Zeit hindurch überfordert hatte, indem sie an ihre gegenseitige Liebe übermenschliche Maßstäbe angelegt hatte. Maßstäbe, die sie enttäuscht von der Sexualität in der Ehe, ängstlich körperliche Liebe und ungewünschte Schwangerschaft gleichsetzend und gesellschaftliche Konflikte fürchtend – leichter erfüllen konnte als Goethe.

Charlotte musste allerdings klar werden, dass sie gescheitert war, dass auch ihre gesamte Erziehungsarbeit nichts gefruchtet hatte. Aus Italien hatte Goethe ihr geschrieben, dass er nie aufgehört habe, darunter zu leiden, sie nicht besitzen zu dürfen, und nun hatte er sich Ersatz beschafft und war zu allem Überfluss auch noch der festen Überzeugung, das ginge sie nichts an!

Ohnehin schien Goethe überhaupt nichts von ihren pädagogischen Maßnahmen zu halten. Wenn er ihr in seinem Brief vorwirft, er habe sich – bedingt durch ihr kritisierendes Benehmen – in ihrer Gegenwart unwohl gefühlt – so ist dieses Unbehagen sicherlich nicht nur auf die Monate nach der Rückkehr zu beziehen. Goethes unbändiges Freiheitsgefühl, das ihn in Italien erfüllte und fröhlich stimmte, bezog sich nicht nur darauf, dass er seinen lästigen Amtspflichten entronnen war, es war auch Befreiung von der Erzieherin Charlotte – Goethe hatte ‚schulfrei'.

Es dauerte lange, bis Charlotte, die in den nächsten Jahren viel zu ertragen hatte an eigener Krankheit, an Sorge um ihren sterbenden Mann, um den zweimal unglücklich verheirateten Fritz, um ihr verschuldetes Gut, bis sie sich mit Goethe wieder auf einer freundlich-gesellschaftlichen Ebene begegnen konnte. Geholfen bei der Wiederannäherung hat August von Goethe, Christianes Kind, dem Charlotte zärtliche Gefühle entgegenbrachte, die sie den eigenen Kindern vorenthalten hatte. Doch wir wollen uns nicht täuschen lassen – es gab zwischen Frau von Stein und Goethe kein Idyll einer Altersfreundschaft, ihr Verhältnis zu Knebel ist viel ausgeglichener. Immer wieder kam sie in Streit mit Goethe, dem sie Arroganz, Unnahbarkeit, steifes Benehmen vorwarf; nur wenn sie sich um ihn sorgte – in schlimmen Krankheitstagen – gab Charlotte zu, dass sie Goethe immer noch liebte, was z.B. auch in ihrem Drama „Dido", das ihre Beziehung zu Goethe behandelt, sehr deutlich wird.

Die alte, kranke, vereinsamte Frau von Stein wurde nicht milder, nicht sanfter, eher harscher, kompromissloser, auch kämpferischer als Frau. So schrieb sie etwa im November 1798 an Lotte Schiller: »*Ich kann über unser Geschlecht nicht so bescheiden sein, wie Sie sind. Ich glaube, daß, wenn ebensoviel Frauen Schriftstellerinnen wären, als Männer es sind, und wir nicht durch so tausend Kleinigkeiten in unsrer Haushaltung herabgestimmt würden, man vielleicht auch einige gute darunter finden würde, denn wie wenige gute gibt es nicht unter den Autoren ohne Zahl. Die Organisation ist wohl einerlei und wohl gar unsre noch feiner zum Denken, aber es ist nun einmal unsre Bestimmung nicht ...*« Gerade Lotte Schiller gegenüber betonte Charlotte immer wieder die Notwendigkeit, als Frau selbstbewusst und stolz auf das, was man leistete, zu sein, denn ihr ‚Töchterchen' hatte sich – für den Geschmack Frau von Steins – zu sehr auf ihre Rolle als dienende Hausfrau und Mutter zurückgezogen. Charlotte schrieb ihrem Sohn Fritz im April 1796 mit Bedauern: »*Sie ist doch eine wirkliche Hausfrau worden, mehr als ich es ihr zugetraut; ich wünschte, sie wäre es mit ein bißchen mehrerer Grazie.*«

Die pessimistische Grundhaltung Charlottes verstärkte sich in den Kriegsjahren 1806/1807 und 1813/14 noch; ihr Besitz wurde mehrfach geplündert, ihr gesamtes Vermögen geraubt, sie zitterte um ihre Enkel, die sie lieber »*eigenhändig ermorden wollte, als in den Krieg ziehen (zu) lassen*«, und wurde zornig über das sinnlose Gemetzel: »*Die Welt ist eine langweilige Wiederholung von Tyrannei, Hab- und Eroberungssucht und, was das Lächerlichste ist, armer Mensch: von Stolz! Zu was soll denn alle Kriegführerei? Wie die Altväter um Brunnen und Zisternen Krieg führten, da war's doch noch ein vernünftiger Grund, aber jetzt sind ja Brunnen überall, um sein Vieh zu tränken. Ich versteh unsern Herrgott nicht und möchte Herrnhuterin werden, um mehr Ergebung zu haben.*«

Aber trotz aller Verzweiflung, Charlotte von Stein blieb nach außen hin stets die gleiche, sie zeigte Contenance, wie Henriette von Knebel ihrem Bruder schrieb: »*Frau von Stein steht ihre Armut ganz gut. Wie wenige Menschen bleiben doch im Unglück graziös!*«

Charlotte bewahrte sich auch noch bis in ihre letzten Lebensjahre hinein Haltung und Anmut; fast taub und blind, geplagt von vielerlei Altersbeschwerden, erschien sie dennoch ihren Verwandten und Freunden in ihrer geistigen Frische und in ihrer Selbstdisziplin als Vorbild. Realistisch sah sie den Verfall ihres Körpers, machte sich keinerlei Illusionen über ihr baldiges Ende und bemühte sich stets, Würde zu bewahren. – Am 6. Januar 1827 starb Charlotte von Stein ruhig und schmerzlos.

Im Gegensatz zu Knebel, der sich seinem Kummer hingab und Charlottes Pflegerin weinend um den Hals fiel und schimpfte: »*Es ist doch niederträchtig von mir altem achtzigjährigen Kerl, daß ich heulen muß wie ein altes Weib! Aber eine solche Freundin zu verlieren, ist auch eine schwere Prüfung*«, ließ sich Goethe seinen Schmerz nicht anmerken. Kanzler von Müller berichtete Mitte Januar 1827: »*Die stürmischen Wintertage haben ihm nicht ganz wohlgetan, es war gut, daß ein vierzehntägiger Besuch des Ministers Humboldt ihn erheiterte. Nun ist vor kurzem seine älteste Freundin, Frau von Stein ... gestorben. Das griff ihn, ob er schon nicht ein Wort darüber sprach, doch auch sehr an.*«

Am 9. Januar wurde Charlotte von Stein begraben; ihr letzter Wunsch war eine liebevolle Rücksichtnahme gegen Goethe. Sie hatte darum ersucht, dass der Trauerzug mit ihrem Sarg nicht an Goethes Haus vorbeiziehen sollte, weil sie die Scheu ihres Freundes vor allem, was den Tod betraf, genau kannte. Die Behörden entsprachen Charlottes Wunsch nicht, der Zug der Leidtragenden führte am Nachmittag des 9. Januar am Frauenplan vorbei – auf dem vorgeschriebenen Weg. Ein knappes Jahr nach dem Tod Frau von Steins schrieb Henriette von Beaulieu, die ehemalige Gräfin Egloffstein, rückblickend über Charlotte, eine der interessantesten Neben-Gestalten des klassischen Weimar: »Der Charakter dieser Frau gehörte unstreitig zu den edelsten, und ihr Verstand, der mir zwar nie bedeutend erscheinen wollte, führte sie glücklich an den mannigfachen Klippen des Hoflebens vorüber ... Es läßt sich nicht leugnen, daß Frau v. Stein bei dem besten Herzen viele Schlauheit und Weltklugheit besitzen mußte; sonst wäre es ihr unmöglich gewesen, bis ans Ende ihrer sehr langen Laufbahn ohne die mindeste Unterbrechung eine Stellung zu behaupten, die sie der Herzogin Luise und Goethen so nahe brachte, daß nur der Tod dieses innige Verhältnis lösen konnte, auf welchem selbst jetzt noch, wo ich dies schreibe, ein undurchdringlicher Schleier ruht. Goethe allein vermöchte es, ihn zu lüften; aber schwerlich wird er sich dazu verstehen. Folglich (wird) auch die Nachwelt über eine Sache nicht klarer urteilen, die den Zeitgenossen des großen Mannes stets rätselhaft blieb. Dem sei nun, wie ihm wolle! Was auch jener Schleier verhüllen mag, Unwürdiges kann es nicht sein ...«

Eine liebevolle, verständnisvolle, diskrete Würdigung, die Charlotte von Stein entsprach, die sie gefreut hätte.

**Christiane Vulpius/Christiane von Goethe
(1765 – 1816)**

Christiane von Goethe

Im März 1789 kann Karoline Herder, Weimars begnadete Klatschbase, ihrem Mann, der sich mit Herzogin Anna Amalia in Italien aufhielt, „brandheiß" von einem Skandal berichten, der die gute Gesellschaft erschütterte: »*Ich habe das Geheimnis von der Stein selbst, warum sie mit Goethe nicht mehr recht gut sein will. Er hat die junge Vulpius zu seinem Klärchen und läßt sie oft zu sich kommen usw. (...) Da er ein so vorzüglicher Mensch ist, auch schon 40 Jahre alt, so sollte er nichts tun, wodurch er sich zu den andern so herabwürdigt. – Die Stein ist sehr, sehr unglücklich, und Goethe beträgt sich nicht hübsch. (...) Er hat sein Herz, wie sie glaubt, von ihr gewendet und sich ganz dem Mädchen, die eine allgemeine H... vorher gewesen, geschenkt.*«

Und der Ehemann, der Superintendent Herder ist selbstverständlich empört – mit leisen Neidgefühlen: »*Was Du von Goethes Klärchen schreibst, mißfällt mir mehr, als daß es mich wundern sollte. Ein armes Mädchen – ich könnte mir's um alles nicht erlauben! Aber die Menschen denken verschieden, und die Art, wie er hier auf gewisse Weise unter rohen, obwohl guten Menschen gelebt hat, hat nichts anders hervorbringen können. Auf mich macht Italien in allem nun einmal den ganz entgegengesetzten Eindruck. Ich kehre wie ein Geist zurück und kann Dir nicht sagen, wie mir vor dem gewöhnlichen Troß der Buhlereien usw. ekelt.*«

In diesen frühen Zeugnissen finden wir schon konzentriert alles versammelt, was die Zeitgenossen und die späteren Goethe-Biografen zu Christiane Vulpius zu sagen haben:

- Ohne den schädlichen Einfluß Italiens wäre Goethe diesem „Klärchen" nicht anheimgefallen.
- Die Geliebte ist die Ursache für Charlotte von Steins Leiden – ihr gilt das Mitgefühl aller.
- Christiane wird – aus Wut, Verachtung und wider besseres Wissen – verunglimpft.

Natürlich ist Goethes Christiane niemals Prostituierte gewesen – aber sie stellt – in den Augen der Gesellschaft – genau das falsche Liebesobjekt für diesen hochverehrten Dichter dar. Sie ist nicht von Stand, noch nicht einmal von Familie, nicht gebildet, weder im Äußeren noch im Betragen vornehm oder elegant, sie arbeitet, um zu leben und ihre Geschwister zu unterstützen – da kann sie auch genauso gut eine Hure sein. Viele der in der ersten Entrüstung ausgerufenen Verleumdungen und Verdächtigungen sind an Christiane klebengeblieben und haben ihr Bild sehr lange Zeit beschmutzt, weil man sich nicht die Mühe machte, ordentlich zu recherchieren.

Da ist zunächst einmal ihre Familie: Aus gar so niedrigen Kreisen stammt Goethes Geliebte nun doch nicht. Unter ihren Vorfahren sind Advokaten und Pastoren, lediglich ihr Vater, Johann Friedrich Vulpius, hatte aus finanziellen Gründen sein Jurastudium abbrechen müssen und arbeitete als Archivar in einer sehr schlecht bezahlten Stellung. Dieser Vater soll – man kann es immer wieder lesen – ein verkommener Trunkenbold gewesen sein. Er war wohl eher unglücklich als schlecht. Zweimal verheiratet, mit einer großen Schar Kinder gesegnet – oder eher geschlagen, befand er sich stets in Geldnot, hat immer wieder um eine bessere Stellung oder eine Gehaltszulage gebettelt. Als er 1782 eine geringfügige Summe unterschlagen hatte, wird er aus dem Amt als Archivar entlassen. Da er aber nicht ins Gefängnis muss und auch eine Art „Gnadenrente" bezieht, kann sein Verbrechen nicht allzu gravierend gewesen sein. In seinen letzten Jahren – er starb 1786 – hat Johann Friedrich Vulpius versucht, seine Schande und sein elendes Leben in Alkohol zu ertränken. Nach seinem Tod standen Christiane, ihr älterer Bruder Christian August und ihre Stiefschwester Ernestine – alle weiteren sieben Kinder waren noch vor dem Vater gestorben – vor dem Nichts. Außer Schulden hatte man ihnen nichts hinterlassen. Der Bruder nahm eine Stellung in Nürnberg an, und Christiane begann, in der Bertuchschen Manufaktur zu arbeiten.

Friedrich Justin Bertuch, der Schatzmeister des Herzogs Carl August und gelegentlich hervorgetreten als Dichter und Übersetzer, hatte 1782 eine Fabrik für künstliche Blumen eingerichtet; er schrieb darüber an einen Freund: »*Es ist eine Entreprise meiner Frau, die nach und nach dem größten Teile unserer leider unbeschäftigten Mädchen der mittleren Klasse sehr heilsam wird. (...) Vorjetzt arbeiten nur, wegen Mangel des Raums, erst zehn Mädchen, vier Tage in der Woche, in meinem Hause; sobald aber meine Mansarde im Sommerhause, welches ich jetzt ausbaue, fertig ist (...) so ist der Zuschnitt auf fünfzig gemacht. Sie werden sich freuen, wenn Sie wieder mal einen Flug zu uns tun, und diesen tätigen Ameisenhaufen sehn.*«

Auch Goethe hat diese Manufaktur besucht, und viel ist darüber spekuliert worden, ob ihm Christiane schon damals aufgefallen sei. In älteren Biografien kann man sogar lesen, er habe damals das junge Mädchen vor den Nachstellungen eines frechen Offiziers bewahrt. Das gehört aber wohl ins Reich der Legende.

Die entscheidende Begegnung mit Christiane fand am 12. Juli 1788 im Weimarer Park statt.

Goethe war etwa vier Wochen zuvor nach zweijähriger Abwesenheit aus Italien zurückgekehrt. Ungern hatte er Rom verlassen, und missmutig lebte er wieder in Thüringen. Alles erschien ihm nun klein, eng und kalt – der „italienische Bazillus" hatte ihn heftig infiziert.

Er hatte sich gewandelt, war freier geworden, schien mehr denn je entschlossen, allen Ämtern und Würden entsagen zu wollen, um Dichter zu sein – und fand kaum Verständnis.

Vor allem Frau von Stein, die ehemalige Herzensfreundin, ließ ihn deutlich spüren, dass sie seine heimliche Abreise, seine „Flucht" in den Süden nicht verzeihen konnte und wollte. Der Bruch war deutlich und nicht mehr zu kitten! Beleidigt und kühl trat sie Goethe gegenüber, reagierte empört auf seine begeisterten Schilderungen Italiens, die immer nur zu beweisen schienen, dass er sie nicht vermisst hatte. Und die Erzählungen über Faustina, Goethes römische Geliebte, bedeuteten für Charlotte Schmach und persönliche Niederlage.

Die anderen Weimarer Damen fanden den braungebrannten, breiter gewordenen und männlicher wirkenden Goethe – „versinnlicht". Zunächst überwiegt bei ihnen wohl die Neugier, nach der Entdeckung des Verhältnisses mit Christiane dann der Abscheu.

Goethe konnte also im Sommer 1788 eigentlich nur bereuen, dass er sich auf den Heimweg gemacht hatte. Später einmal äußerte er Eckermann gegenüber: »Ja, ich kann sagen, daß ich nur in Rom empfunden habe, was eigentlich ein Mensch sei … Ich bin, mit meinem Zustande in Rom verglichen, eigentlich nachher nie wieder froh geworden.«

In dieser für ihn so unerquicklichen Situation trifft Goethe auf Christiane, die ihn auf ihre Art von der Traurigkeit erlöst. Sie überbringt dem Geheimrat eine Bittschrift ihres Bruders, der gerne in Weimarische Dienste überwechselte. Sie muss auf den ersten Blick gefallen haben.

Sie ist nicht schön, auf eine derbe Art aber recht hübsch, ein südlicher Typ – vielleicht hat sie ihn an Faustina erinnert:

> *»... ein bräunliches Mädchen, die Haare*
> *Fielen ihr dunkel und reich über die Stirne herab,*
> *Kurze Locken ringelten sich ums zierliche Hälschen,*
> *Ungeflochtenes Haar krauste vom Scheitel sich auf.*
> *Und ich verkannte sie nicht, ergriff die Eilende: lieblich*
> *Gab sie Umarmung und Kuß bald mir gelehrig zurück.«*

Christiane wird schnell seine Geliebte, sie kommt zu ihm ins Gartenhaus, wann immer er es wünscht und sie herbestellt. Und zum zweiten Mal in seinem Leben kann Goethe sich ohne Gefahr lieben lassen. Wie Faustina erweckt auch Christiane nicht in Goethe die Angst, er könne gefangen, festgehalten werden.

In den „Römischen Elegien", die er in der ersten Zeit nach der Rückkehr aus Italien schreibt, und die mit ihrer Hymne auf die Sinnenlust das Entsetzen der Weimarer Damenwelt hervorriefen, fließen Faustina und Christiane in der Gestalt der Geliebten zusammen.

> *»Wird doch nicht immer geküßt, es wird vernünftig gesprochen;*
> *Überfällt sie der Schlaf, lieg ich und denke mir viel.*
> *Oftmals hab ich auch schon in ihren Armen gedichtet*
> *Und des Hexameters Maß leise mit fingernder Hand*
> *Ihr auf den Rücken gezählt.«*

Ein anderes Gedicht aus dieser Zeit, „Frech und froh" übertitelt, zeigt deutlich, was Goethe – zumindest in den ersten Jahren dieser Liebe – an Christiane so anzog: das Versprechen unkomplizierter sexueller Freuden:

> *»Liebesqual verschmäht mein Herz,*
> *Sanften Jammer, süßen Schmerz;*
> *Nur vom Tücht'gen will ich wissen,*
> *Heißem Äuglen, derben Küssen.*
> *Sei ein armer Hund erfrischt*

Von der Lust, mit Pein gemischt!
Mädchen, gib der frischen Brust
Nichts von Pein und alle Lust!«

Sehnsüchtig erwartet er die Geliebte, verzweifelt verbringt er eine Nacht, als sie nicht, wie versprochen, zu ihm kommt, und verliebt zeichnet und beschreibt er sie poetisch, als er sie schlafend überrascht:

»Meine Liebste wollt ich heut beschleichen,
Aber ihre Türe war verschlossen.
Hab ich doch den Schlüssel in der Tasche!
Öffn' ich leise die geliebte Türe!

Auf dem Saale fand ich nicht das Mädchen,
Fand das Mädchen nicht in ihrer Stube;
Endlich, da ich leis die Kammer öffne,
Fand ich sie, gar zierlich eingeschlafen,
Angekleidet auf dem Sofa liegen.

(...)

Deine holden Augen sind geschlossen,
Die mich offen schon allein bezaubern;
Es bewegen deine süßen Lippen
Weder sich zur Rede, noch zum Kusse;
Aufgelöst sind diese Zauberbande
Deiner Arme, die mich sonst umschlingen,
Und die Hand, die reizende Gefährtin
Süßer Schmeicheleien, unbeweglich. (...)

Lange saß ich so und freute herzlich
Ihres Wertes mich und meiner Liebe...«

Goethe ist neununddreißig Jahre alt – Christiane sechzehn Jahre jünger – als er endlich eine richtige Geliebte hat, eine Frau, deren Sinnlichkeit ihn beglückt, die ihm die Angst vor der Wollust nimmt. Als er für einige Monate Quartier im sogenannten „Jägerhäuschen" am Ausgang des Belvederer Parks nimmt, zieht Christiane in dieser Zeit ganz zu ihm.

Sicherlich hat Goethe da noch nicht daran gedacht, sein Verhältnis mit der jungen Frau könne mehr als eine erfreuliche Episode sein.

Der vor Eifersucht schäumenden Charlotte von Stein schrieb er noch am 1. Juni 1789: »*Zu meiner Entschuldigung will ich Nichts sagen. Nur mag ich Dich gern bitten: hilf mir selbst, daß das Verhältnis, das Dir zuwider ist, nicht ausarte, sondern stehen bleibe, wie es steht. Schenke mir Dein Vertrauen wieder; sieh' die Sache aus einem natürlichen Gesichtspunkte an; erlaube mir, Dir ein gelassenes, wahres Wort darüber zu sagen, und ich kann hoffen, es soll sich alles zwischen uns rein und gut herstellen.*«

Goethe scheint noch zu glauben, dass sich für ihn alles fein geordnet zum Besten regeln lassen wird: Frau von Stein für die Gespräche, die teilnehmende, vornehme Freundin, mit der man sich sehen lassen konnte, auf der einen Seite – und Christiane Vulpius, der kleine Schatz, die ideale Bettgefährtin, an der man sich halb im Verborgenen erfreute, auf der anderen. Abgesehen davon, dass Charlotte von Stein sich niemals auf so ein Arrangement eingelassen hätte: vor allem weil sie unwillig war, Liebesangelegenheiten aus einem „natürlichen Gesichtspunkte" zu betrachten, ändert sich die Situation für Goethe nachhaltig, als Christiane ihm wohl erst im Sommer 1789 gesteht, dass sie schwanger ist.

Goethe liebte Kinder, und wünschte sich eigene Kinder, er war fast vierzig – das Bedürfnis nach einem Heim, einer Familie wurde stärker als die Furcht vor dem Gebundenwerden. Und es gelang ihm ja auch – vor und nach der Eheschließung mit Christiane – ungebunden zu bleiben und dennoch über ein Heim und eine kleine Familie zu verfügen.

Am 25. Dezember 1789 wird Goethes Sohn August geboren – ausgerechnet an Charlotte von Steins siebenundvierzigster Geburtstag, was diese als äußerst „indelikat" empfindet. Sie berichtet wenig später ihrem Sohn Fritz von einem ihrer sehr bezeichnenden, mehr als offensichtlichen Träume, in denen ihr Goethe erscheint: *»Von unserem Humanus habe ich die Nacht geträumt. Er sagte mir, das letzte Feldgeschrei sei gewesen: ‚Ist die Harmonie wieder hergestellt?' Und da ich das Wort ‚Harmonie' nicht verstand und einigemale fragte, so ging er zu seiner Demoiselle und streichelte ihr die Backen.«*

Goethe hat das Kind offiziell als seinen Sohn anerkannt; der Herzog übernimmt die Patenschaft, ist aber bei der Taufe nicht anwesend.

Obwohl die Liebschaft Goethes mit Christiane Vulpius nun vor der Welt bewiesen ist, nimmt man in den besseren Kreisen offiziell weiterhin von Christiane keine Notiz und tratscht hinter ihrem Rücken über sie.

Sie musste – angesichts der allgemeinen Feindseligkeit – sehr stark sein, denn Goethe ist häufig nicht da, um sie zu trösten und ihr zu helfen.

Bei seiner ersten längeren Abwesenheit, als er Herzogin Anna Amalia in Italien treffen und nach Weimar zurückbegleiten soll, legt der Dichter seinem Freund Herder seine Familie ans Herz, allerdings erst kurz vor der Abreise, so als habe er Angst, der strenge Geistliche könne seine Bitte ablehnen: *»Da man gegen das Ende weich und sorglich zu werden anfängt, so fiel mir erst ein, daß nach meiner Abreise mein Mädchen und mein Kleiner ganz und gar verlas-*

sen sind, wenn ihnen irgend etwas zustieße, worin sie sich nicht zu helfen wüßte. Ich habe ihr gesagt, sich in einem solchen äußersten Falle an Dich zu wenden. Verzeih!«

Dieses Mal fühlt Goethe sich in Italien nicht wohl, denn er hat Sehnsucht nach zu Hause; in den „Venezianischen Epigrammen", die vieles von seiner Enttäuschung, seinem Ärger bei diesem zweiten italienischen Aufenthalt aufzeigen, stehen die Verse:

> »Welch ein Mädchen ich wünsche zu haben? ihr fragt mich. Ich hab sie,
> Wie ich sie wünsche, das heißt, dünkt mich, mit wenigem viel.«

Kaum zu Hause, muss Goethe den Herzog auf eine längere Reise nach Schlesien begleiten. Von dort aus schreibt er an Herder: »*Es ist all und überall Lumperei und Lauserei, und ich habe gewiß keine eigentlich vergnügte Stunde, bis ich mit Euch zur Nacht gegessen und bei meinem Mädchen geschlafen habe. Wenn Ihr mich lieb behaltet, wenige Gute mir geneigt bleiben, mein Mädchen treu ist, mein Kind lebt, mein großer Ofen gut heizt, so hab' ich vorerst nichts weiter zu wünschen.*«

Welch bürgerliche, ja fast schon philisterhafte Wünsche für einen Poeten, den die Nachwelt so gerne den ‚Dichterfürsten' oder gar den ‚Olympier' nannte!

Goethe genießt die häusliche Behaglichkeit, besonders seit man das Haus am Frauenplan bezogen hat, dessen Einrichtung Christiane überwacht. Sie ist eine ausgezeichnete Hausfrau, sorgt bestens für die Vorräte in Küche und Keller, kocht sehr gut, überwacht die Dienstboten – steht schon bald souverän einem doch recht großen Haushalt vor.

Und immer wieder ist sie für Wochen und Monate allein, sehnsüchtig den Brief erwartend, der ihr die Ankunft des Hausherrn anzeigt. Für den Biografen haben die häufigen und langen Trennungen des Paares den großen Vorteil, dass eine umfangreiche Korrespondenz überliefert ist. Obwohl die schriftlichen Nachrichten aus einigen Jahren nicht mehr aufzufinden sind, ist die Zahl der heute noch erhaltenen Briefe – 354 von Goethe und 247 von Christiane – beachtlich. Allein die Lektüre dieser schriftlichen Zeugnisse zeigt, dass sich die beiden mehr als herzlich zugetan waren. Der Dichter liebte seine Hausgenossin, sorgte sich um sie und wusste genau, was er ihr zu verdanken hatte, wie Beispiele zeigen:

25. August 1792:
»*Wo das Trier in der Welt liegt, kannst Du weder wissen, noch Dir vorstellen, das schlimmste ist, daß es weit von Weimar liegt, und daß ich weit von Dir entfernt bin. (…) Mein einziger Wunsch ist, Dich und den Kleinen wiederzusehen, man weiß gar nicht, was man hat, wenn man zusammen ist. Ich vermisse Dich sehr und liebe Dich von Herzen (…) Adieu, lieber Engel, ich bin ganz Dein.*«

10. September 1792:
»*Du erfährst wieder, daß ich mich wohl befinde, Du weißt, daß ich Dich herzlich lieb habe. Wärst Du nur jetzt bei mir! Es sind überall große breite Betten, und Du solltest Dich nicht beklagen, wie es manchmal zu Hause geschieht. Ach! mein Liebchen! Es ist nichts besser als beisammen zu sein. Wir wollen es uns immer sagen, wenn wir uns wieder haben. Denke nur! Wir sind so nah an Champagne und finden kein gut Glas Wein. Auf dem Frauenplan solls besser werden, wenn nur erst mein Liebchen Küche und Keller besorgt.*

Sei ja ein guter Hausschatz und bereite mir eine hübsche Wohnung. Sorge für das Bübchen und behalte mich lieb.

Behalte mich ja lieb! Denn ich bin manchmal in Gedanken eifersüchtig und stelle mir vor: daß Dir ein andrer besser gefallen könnte, weil ich viele Männer hübscher und angenehmer finde als mich selbst. Das mußt Du aber nicht sehen, sondern Du mußt mich für den besten halten, weil ich Dich ganz entsetzlich lieb habe und mir außer Dir nichts gefällt. Ich träume oft von Dir, allerlei confuses Zeug, doch immer daß wir uns lieb haben. Und dabei mag es bleiben.«

10. Oktober 1792:
»Wenn ich Dir etwas schrieb, das Dich betrüben konnte, so mußt Du mir verzeihen. Deine Liebe ist mir so kostbar, daß ich sehr unglücklich sein würde, sie zu verlieren, Du mußt mir wohl ein bißchen Eifersucht und Sorge vergeben.«

22. Juni 1793:
»Küsse den Kleinen und erzähle ihm vom Vater, daß er ihn lieb behält. Behalte mich auch lieb. Denn das ist das Beste für Dich und für mich. Das Gute in der Welt ist viel schmäler gesät, als man denkt; was man hat, muß man halten. Lebe wohl, liebes Kind. Die Zeit wird mir lang, bis ich zu Dir komme.«

15. Juli 1795:
»Liebe mich, wie ich am Ende aller Dinge nichts Besseres sehe, als Dich zu lieben und mit Dir zu leben.«

15. August 1797:
»Ich liebe Dich recht herzlich und einzig, Du glaubst nicht, wie ich Dich vermisse. Nur jetzt wünschte ich reicher zu sein, als ich bin, daß ich Dich und den Kleinen auf der Reise immer bei mir haben könnte. Künftig, meine Beste, wollen wir noch manchen Weg zusammen machen.«

24. November 1799:
»Ich küsse Dich und das Kind in Gedanken, und meine Abwesenheit

wird mir dadurch leidlich, daß ich für euch arbeite. Lebet wohl und liebt mich.«

Schon lange hat Goethe nicht mehr das Gefühl, mit Christiane eine flüchtige Liebschaft zu erleben, er fühlt sich – wie er es ausdrückte – »verheiratet, aber ohne Zeremonie«. Am 13. Juli 1796 schreibt er an Schiller, von dem er doch weiß, dass dieser seine „fatalen häuslichen Verhältnisse" nicht sonderlich schätzt: *»Heute erlebe ich auch eine eigne Epoche, mein Ehstand ist eben 8 Jahre und die Französische Revolution 7 Jahre alt.«*

Der Tag des Kennenlernens im Park – der 12. Juli 1788 – gilt ihm also so gut wie der Hochzeitstag. Als Goethe diesen Brief an Schiller verfasst, hat er, neben vieler Freude mit der stets fröhlichen Christiane – darauf legte er großen Wert – auch viel gemeinsames Leid erfahren. August wird das einzige Kind bleiben, das heranwächst. Im Oktober 1791 bringt Christiane einen toten Jungen zur Welt, im November 1793 ein Mädchen, das nur 14 Tage lebt. Ein Ende September 1795 geborener Junge stirbt ebenfalls nach drei Wochen. Das letzte Kind der beiden, ein Mädchen, das im Dezember 1802 geboren wird, überlebt nur drei Tage.

Obwohl Goethe an allen Schwangerschaften und Kindbetten im Hause Schillers lebhaften Anteil nimmt, mit Glückwünschen und Trost nie spart, finden wir in den Briefen Schillers nie auch nur ein Wort des Mitgefühls für die unglückliche Christiane. Ausdruck der bigotten Hartherzigkeit der Zeitgenossen und vielleicht auch Frucht der Verleumdung. Denn schon bald erzählt man sich, Christiane habe Schuld am Tod ihrer Kinder, u.a. wirft man ihr vor, sie trinke unmäßig und bringe deshalb nicht lebensfähige Kinder zur Welt. Es ist schon erstaunlich, dass auch Charlotte von Stein sich wieder einmal daran beteiligt, ehrabschneidende Gerüchte über Christiane zu verbreiten. Frau von Stein hat sieben Kinder geboren, von denen nur die drei Söhne erwachsen wurden, alle vier Mädchen starben kurz nach der Geburt. Dass die Ursache für die Kindersterblichkeit auch in der Familie Goethes liegen könnte, dachte niemand. Es heißt, dass Goethes Vater an einer Geschlechtskrankheit gelitten habe; von den fünf Geschwistern Goethes überlebte nur seine Schwester Cornelia die Kinderjahre. Zudem war eine hohe Säuglings- und Kindersterblichkeit bis zum Anfang des 20. Jahrhunderts in Deutschland traurigerweise die Regel, da medizinische Kenntnisse und das Wissen um Hygienemaßnahmen noch nicht weit verbreitet waren.

Was Christianes angebliche Trunksucht angeht – auch so ein Gerücht, das sich nachträglich hält – so lässt sich aus heutiger Sicht dazu anmerken, dass sie sicherlich gerne und häufig Champagner und Wein zugesprochen hat, dass sie es aber stets ohne schlechtes Gewissen tat, niemals in dem Gefühl, einem Laster zu frönen. Auch Goethe selbst scheint – nach unseren heutigen, strengeren Maßstäben – ein starker Trinker gewesen zu sein. Er verwehrte seiner Frau das Trinken nicht, sondern schenkte ihr – wie so mancher Besucher berichtet – bei Tisch fleißig ein. Und auch Augusts späterer Alkoholkonsum ist vielleicht eher in seinem Unzulänglichkeitsgefühl gegenüber dem als übermächtig empfundenen Vater als in dem schlechten Vorbild der Mutter zu suchen. Auch was ihre anderen scheinbaren Laster betrifft – das unbändige Tanzen, das Flirten mit anderen Männern („Äugeln", wie es im Goetheschen Familienjargon heißt), ihre Freude am Feiern – all das hat Goethe nicht nur nie gerügt, sondern hatte selbst seinen Spaß daran; ja, er ermunterte sie immer wieder, es sich ja vergnügt zu machen und bittet sie einmal sogar um ihre durchtanzten Schuhe als Souvenirs.

Ähnlich vorurteilslos und heiter betrachtet nur noch Goethes Mutter die Geliebte ihres Sohnes. August ist kein Kleinkind mehr, fast vier Jahre alt, als der Dichter bei einem Besuch in Frankfurt seine Mutter von der Existenz Christianes und des Kindes unterrichtet. Sie hat Verständnis, schickt Geschenke und einige freundliche Zeilen, was Christiane mit Dankbarkeit erfüllt: *»Die Frau Rätin hat mir einen rech-*

ten lieben Brief geschrieben. Der hat mir einen rechten vergnügten Tag gemacht. Sei nur so gut und entschuldige mich wegen meinem Schreiben. Sie hat sich bei mir nach dem Kleinen erkundigt, und da habe ich wieder geantwortet, ich wünschte mir nur, sie noch einmal in meinem Leben zu sehen und zu sprechen. Sie muß eine recht gute Frau sein (...)«

Als Goethe seiner Mutter im September 1795 die bevorstehende Geburt des vierten Kindes ankündigt, zeigt ihr Antwortbrief – in gewöhnungsbedürftigem Deutsch –, wie weitherzig sie ist und wie gut sie ihren Sohn kennt: »*Auch gratuliere zum künftigen neuen Weltbürger – nur ärgert mich, daß ich mein Enkelein nicht darf ins Anzeigenblättgen setzen lassen – und ein öffentliches Freudenfest anstellen – doch da unter diesem Mond nichts Vollkommenes anzutreffen ist, so tröste ich mich damit, daß mein Hätschelhans vergnügt und glücklicher als in einer fatalen Ehe ist – Küsse mir deinen Bettschatz und den kleinen August ...«*

1797 lernen sich Goethes Mutter und Christiane kennen; Goethe plant einen längeren Italienaufenthalt, seine Geliebte und sein Sohn sollen ihn bis Frankfurt begleiten, dort will er sie vorstellen. Vor Antritt der Reise macht Goethe sein Testament, das er dem Herzog übergibt: »*Ich setze nämlich den mit meiner Freundin und vieljährigen Hausgenossin, Christianen Vulpius, erzeugten Sohn August zu meinem Universalerben (...) hiermit ein; seiner erstgedachten Mutter hingegen vermache ich den Nießbrauch alles dessen, was ich in hiesigen Landen zur Zeit meines Todes besitze, dergestalt, daß sie zeitlebens in dem ungestörten Besitz desselben bleibe und davon die Einkünfte erhebe, (...) doch unter der Bedingung, daß sie auf die Erziehung unsres Sohnes mütterlich das Nötige verwende.«*

Christiane wird in Frankfurt freundlich aufgenommen und Frau Rat Goethe findet Gefallen an der jungen Frau, die zunächst recht ängstlich die Reaktion der Mutter ihres Geliebten gefürchtet hatte.

Auf der Heimreise nach Weimar aber kann sie fröhlich mitteilen: »*Ich bin sehr heiter und vergnügt, wenn ich an unsere Hinreise nach Frankfurt denke; wie Du, Lieber, so gut warst und uns so lieb hattest, das werd ich nie vergessen. Und die liebe Frau Rat hat uns so gut aufgenommen! ich glaube, ich bin nach der Reise ganz anders, ich komme mir ganz glückselig vor. Ich werde wohl nie wieder grausehen ... Leb itzo wohl. Aber wenn Du wiederkommst, da will ich Dich auch lieb haben, so wie Du Dir es gar nicht denken kannst.*«

Bei allen seinen längeren Abwesenheiten – ob er nun zum ruhigen Arbeiten nach Jena fährt, den Herzog auf Kriegs- oder Inspektionsreisen begleitet oder Freunde besucht – klagt Goethe in den Briefen an Christiane nicht nur über seine Sehnsucht nach ihr, sondern er sehnt sich auch nach ihrer Kochkunst. Keiner kann es ihm recht machen, niemand vermag so herrliche Sülze, so hervorragende Knackwürste herzustellen wie Christiane. Goethe, der gerne gut isst, liebt Christiane wegen ihrer Kochkünste genauso, wie er sie als Gefährtin schätzt. In den Jahren nach der Rückkehr aus Italien wird er immer beleibter – zum Entsetzen der Weimarer Gesellschaft. Frau von Stein berichtet erschreckt: »*Ich hatte ihn seit ein paar Monaten nicht gesehen. Er war entsetzlich dick, mit kurzen Armen, die er ganz gestreckt in beide Hosentaschen hielt. Schiller hatte seinen schönen Tag und sah neben ihm wie ein himmlischer Genius aus ... .*«

Auch Charlottes ältester Sohn, Karl von Stein, ein sonst sehr gutmütiger und zurückhaltender Mensch, gibt eine wenig schmeichelhafte Beschreibung Goethes im Juni 1799: »*Sein Gang ist überaus langsam, sein Bauch nach unten zu hervorstehend wie der einer hochschwangeren Frau, sein Kinn ganz an den Hals herangezogen, von einer Wassersuppe dichte umgeben, seine Backen dick, sein Mund in halber Mondsform, seine Augen allein noch gen Himmel gerichtet, sein Hut aber noch mehr und sein ganzer Ausdruck eine Art von selbstzufriedener Gleichgiltigkeit, ohne eigentlich froh auszusehen.*

Er dauert mich, der schöne Mann, der so edel in dem Ausdrucke seines Körpers war.«

Natürlich hat man auch Goethes Gewichtsprobleme – mehr waren es wohl die Probleme der anderen damit – Christiane angelastet. Auch sie, die niemals zart oder zierlich gewesen war, ging immer mehr in die Breite. Und in Weimar sprach man despektierlich von Goethes „dicker Hälfte", wenn man sie nicht – wie üblich – als die „Mamsell (oder Jungfer) Vulpius" titulierte. Man konnte und wollte nicht wahrhaben, dass Goethe an Christiane hing, dass er sie wohl liebte, denn er verließ sie ja nicht. Falls unvoreingenommene Beobachter von Goethes Zuneigung berichteten, glaubte man ihnen nicht, weil man ihnen nicht glauben wollte.

Noch 1805 berichtete Frau von Stein: »*[Wieland] hatte bei Goethe zu Mittag gegessen; die Vulpia war von der Gesellschaft. Am Tisch, sagt Wieland, habe er (der Hausherr) ihr mit zarten Attentionen begegnet, und doch ist's entweder Lüge, oder er müßte eine Analogie mit der Mägdenatur haben.«*

Freunde fand Christiane lediglich unter einigen Hausgenossen, so etwa Professor Meyer, und unter den Schauspielern, bei denen sie als eine Art Mittlerin zu Goethe agierte. Ob am Weimarer Theater oder in Bad Lauchstädt – bei kleineren Auseinandersetzungen, Missverständnissen, Eifersüchteleien schickte Goethe Christiane, damit sie auf ihre herzliche und schlichte Art Frieden stiftete, ausglich und beruhigte.

Die Schauspieler dankten es ihr; sie nahmen sie mit auf ihre Feste und ihre Tanzvergnügen, sie feierten mit ihr, sie liebten den Champagner so wie Christiane – und die feine Gesellschaft hatte mal wieder Gelegenheit, die Nase zu rümpfen.

Tanzen und Trinken lenkte ab – von den Anfeindungen der vornehmen Welt und von den Sorgen, die Goethes Gesundheitszustand Christiane oft bereitete.

Als er 1801 schwer erkrankte und tagelang in Fieberdelirien kämpfte, bewährte sich wieder einmal das kräftig zupackende Wesen Christianes, die ihn Tag und Nacht aufopfernd pflegte. Nach seiner Genesung schrieb Goethe an seine Mutter: »*Wie gut, sorgfältig und liebevoll sich meine liebe Kleine bey dieser Gelegenheit erwiesen, werden Sie sich denken; ich kann ihre unermüdliche Tätigkeit nicht genug rühmen.*«

Christiane blieb sich all die Zeit, in der sie mit Goethe lebte, gleich – er hat sie nicht zu sich herangebildet, nicht versucht, sie zu erziehen, sie war und blieb „sein kleines Naturwesen", wie er sie nannte, und das gefiel ihm. Er konnte ihr nicht alle seine Werke vorlesen, aber an „Reineke Fuchs" fand sie großen Gefallen; er konnte mit ihr nicht philosophieren, aber lobte immer wieder ihren offenen Sinn, klaren Verstand und die guten Fragen, die sie stellte; sie war manchmal auf seine Arbeit eifersüchtig, aber sie ließ ihn ziehen und besuchte ihn in der Jenaer Klausur nur, wenn er es wünschte, denn sie wusste: »*Mit Deiner Arbeit ist es schön; was Du einmal gemacht hast, bleibt ewig; aber mit uns armen Schindludern ist es ganz anders.*«

Sie bot ihm keine intellektuelle Anregung, aber sie forderte sie auch nicht. Was Schiller in Hinsicht auf sein Verhältnis zu Charlotte von Kalb sagte, hat Goethe nur in die Tat umgesetzt: »*Eine Frau, die ein vorzügliches Wesen ist, macht mich nicht glücklich.*«

Was alle Kritiker Christianes übersehen, ist die Tatsache, dass sie die einzige Frau war, mit der Goethe leben konnte, denn sie engte ihn nicht ein, nahm sich zurück, machte ihm keine Eifersuchtsszenen, schaute bedingungslos zu ihm auf und richtete ihm das alltägliche Leben behaglich ein – sie war bequem für ihn, also war sie die Richtige für ihn.

> *»Ich wünsche mir eine hübsche Frau,*
> *Die nicht alles nähme gar zu genau,*
> *Doch aber zugleich am besten verstände,*
> *Wie ich mich selbst am besten befände.«*

Diese Verse Goethes sagen eigentlich alles über seine Ehe mit Christiane – eine Ehe, die er dann am 19. Oktober 1806 legitimierte, nachdem sie ihn fünf Tage zuvor vor plündernden französischen Soldaten beschützt hatte. Im Trauring wurde das Datum des 14. Oktober eingraviert. Kurz nach der Eheschließung teilt Goethe seinem Freund Knebel mit: *»Daß ich mit meiner guten Kleinen seit vorgestern verehlicht bin, wird euch freuen.«*

Die Freude in Weimar war nicht allgemein – dass man die Trauung geschmacklos fand, war noch das glimpflichste Urteil. – Seine Frau musste Goethe in die Gesellschaft einführen. Doch wo fand sich der passende Rahmen für dieses Unterfangen? Herzogin Luise nahm ostentativ von der Eheschließung keinerlei Notiz, Charlotte von Schiller war viel zu bigott und hatte sich außerdem stets geweigert, von Christiane auch nur zu sprechen, und Charlotte von Stein, die ehemalige Herzensfreundin, kam als Gastgeberin für dieses Ereignis nun gar nicht in Betracht. Doch seit wenigen Monaten wohnte die bürgerliche, unabhängige, für Goethe schwärmende Johanna Schopenhauer in Weimar, und sie zeigte keine konventionellen Vorurteile.

Ihrem Sohn Arthur berichtete sie am 24. Oktober 1806: *»Goethe hat sich Sonntag mit seiner alten geliebten Vulpius, der Mutter seines Sohnes trauen lassen. Er hat gesagt, in Friedenszeiten könne man die Gesetze wohl vorbeigehen, in Zeiten, wie die unsern, müsse man sie ehren. Den Tag drauf schickte er Dr. Riemer, den Hofmeister* *seines Sohnes, zu mir, um zu hören, wie es mir ginge; denselben Abend ließ er sich bei mir melden und stellte mir seine Frau vor. Ich empfing sie, als ob ich nicht wüßte, wer sie vorher gewesen wäre. Ich denke, wenn Goethe ihr seinen Namen gibt, können wir ihr wohl eine Tasse Tee geben. Ich sah deutlich, wie sehr mein Benehmen ihn freute. Es waren noch einige Damen bei mir, die erst formell und steif waren und hernach meinem Beispiel folgten. Goethe blieb fast zwei Stunden und war so gesprächig und freundlich, wie man ihn seit Jahren nicht gesehen hat.*

Er hat sie noch zu niemand als zu mir in Person geführt. Als Fremden und Großstädterin traut er mir zu, daß ich die Frau so nehmen werde, als sie genommen werden muß. Sie war in der Tat sehr verlegen, aber ich half ihr bald durch. In meiner Lage und bei dem Ansehen und der Liebe, die ich mir hier in kurzer Zeit erworben habe, kann ich ihr das gesellschaftliche Leben sehr erleichtern.

Goethe wünscht es und hat Vertrauen zu mir, und ich werde es gewiß verdienen. Morgen will ich meine Gegenvisite machen.«

Goethe hat Johanna Schopenhauer ihre Freundlichkeit gegenüber Christiane niemals vergessen. Als Ehefrau Goethes hat Christiane dann im Oktober 1808 nach dem Tod seiner Mutter zur vollsten Zufriedenheit der Familie die Erbschaftsangelegenheiten geregelt.

Ab 1810 kränkelt Christiane: hoher Blutdruck und ein Nierenleiden machen ihr zu schaffen. Das Ehepaar fuhr häufig gemeinsam nach Karlsbad, wo Christiane ihre alte Munterkeit sehr schnell wieder gewann und jetzt auch als Frau von Goethe „Schuh und Strümpfe", wie sie schreibt, durchtanzte.

In die Zeit der Ehe fallen Goethes Beziehungen zu Minchen Herzlieb (1808) und zu Marianne Willemer (1814). Von beiden Nebenlieben hat Christiane gewusst – ihre Briefe dieser Zeit enthalten keine Vorwürfe, keine Klagen – wieder einmal zeigte sich, dass er bei Christiane frei war, wenn er sich auch gebunden hatte.

In den nächsten Jahren muss Goethe sich immer mehr Sorgen um Christiane machen, die Anfang 1815 wohl einen Schlaganfall erlitten hat. Nach kurzzeitiger Erholung – sie teilt Goethe mit, sie sei frei und heiter, habe nirgends mehr Schmerzen oder Druck – erleidet sie im Mai 1816 wohl den zweiten Anfall und die Nierentätigkeit versagt.

Eine gute Woche dauert ihr Todeskampf. Am 29. Mai 1816 vermerkt Goethe, den man aus Jena herbeigerufen hatte, im Tagebuch: »*Gefährlicher Zustand meiner Frau*«, am 2. Juni: »*Verschlimmerter Zustand meiner Frau*«. Am 4. Juni hat Goethe hohes Fieber und kann selbst das Bett nicht mehr verlassen – möglicherweise eine unbewusste Flucht in die Krankheit, weil er das Elend seiner Frau, die vor Schmerzen schreit, nicht mehr ertragen kann. Er notiert am 5. Juni: »*Den ganzen Tag im Bett zugebracht. Meine Frau in äußerster Gefahr.*«

Am 6. Juni: »*Nahes Ende meiner Frau. Letzter fürchterlicher Kampf ihrer Natur. Sie verschied gegen Mittag. Leere und Totenstille in und außer mir ...*«

Wenige Tage nach ihrem 51. Geburtstag ist Christiane gestorben, an ihrer Beerdigung am 8. Juni nimmt Goethe, der grundsätzlich nicht auf den Friedhof geht, nicht teil.

Seinem alten Freund Zelter schreibt er: »*Wenn ich Dir, derber, geprüfter Erdensohn, vermelde, daß meine liebe, kleine Frau uns in diesen Tagen verlassen; so weißt Du, was es heißen will.*«

Und an Sulpiz Boisserée meldet er am 24. Juni: »*Leugnen will ich Ihnen nicht, und warum sollte man großthun, daß mein Zustand an die Verzweiflung grenzt ...*«

Es besteht kein nachweisbarer Anlass, an Goethes Schmerz zu zweifeln. Aber die Verse, die er dem Andenken Christianes widmet, sind bewusst stilisiert, denn rückwärtsgewandt, schreibt Sigrid Damm, war Goethe nie:

> *»Du versuchst, o Sonne, vergebens,*
> *Durch die düstern Wolken zu scheinen!*
> *Der ganze Gewinn meines Lebens*
> *Ist, ihren Verlust zu beweinen.«*

Achtundzwanzig Jahre haben Christiane und Goethe miteinander gelebt, seit sie sein Haus betrat, hat sie ihm – wie er einem Freund mitteilte – auch nicht eine traurige Minute bereitet. Auch wenn die Zeitgenossen und viele Goetheforscher es nicht wahrhaben wollten, Christiane war ganz offensichtlich das geeignete Objekt für Goethes Liebe, er hatte sich instinktiv das Rechte ausgewählt, um so zu leben, wie er es wünschte. Auch ein Olympier mag sich nicht ständig mit Musen umgeben, und ein Genie, das wusste Goethe, musste egoistisch sein – was soll da eine anspruchsvolle Frau?

Allen, die es immer noch nicht begreifen wollen, mögen vielleicht die Worte helfen, die Günter de Bruyn in seiner Jean-Paul-Biografie geschrieben hat: »Denn nicht nur Dichtern fällt es schwer, eine Frau zu haben, die auch im Alltag die Hochleistungen von einem verlangt, die man der Öffentlichkeit bietet.«

**Ottilie von Pogwisch/Ottilie von Goethe
(1796 – 1872)**

Ottilie von Goethe

Am 1. Januar 1817 schreibt Goethe an seinen Freund, den Musiker Zelter in Berlin: »*Eben mit dem Neuen Jahr erklärt sich die Heirat meines Sohnes mit dem älteren Fräulein von Pogwisch. Es ist der Wille der jungen Leute, gegen die ich nichts einzuwenden habe. Hof und Staat billigt die Verbindung, welche recht hübsche, gesellige Verhältnisse verspricht.*« Und weiter: »*Die jungen Leute sind das eigenste Paar, das es vielleicht gibt und scheinen wirklich füreinander bestimmt, es ist mir nicht bang um sie!*«

Zelter antwortet seinem alten Freund Goethe am 8. Januar: »*Die Heirat Deines tüchtigen August mit einem Mädchen, das von Stadt und Land gelobt wird, kann und muß Dir wohltun ... daß es gedeihe, dazu mögen die Götter helfen und Dämonen nicht stören!*«

Die Dämonen, von denen Zelter hier bereits merkwürdigerweise spricht, werden stören, werden die ganzen dreizehn Jahre, die diese unglückselige Ehe währt, stören. Und Ottilie hat es von Anfang an geahnt. Im Mai des Jahres 1817, kurz vor ihrer Hochzeit, schreibt sie ihrer engsten Freundin Adele Schopenhauer: »*Ich gestehe, ich habe noch eine kleine Angst, er – Vater Goethe – hat mich dadurch, daß er August glücklich sieht, lieb – aber er kennt mich nicht, wie werde ich ihm gefallen, wenn die Zeit und das tägliche Beisammensein ein Blatt nach dem andern meines Charakters und Wesens vor ihm umschlägt?*«

Warum hat Ottilie von Pogwisch am 17. Juni 1817 August von Goethe geheiratet, den sie nicht liebte, den sie nur, wie ihre Freundin Adele Schopenhauer wußte, ‚ganz lieb hatte'.

August hatte sie im Haus seines Vaters kennengelernt, wo sie ein gern gesehener Gast war, weil sie eine sehr schöne Stimme hatte und Goethe oft vorsang, außerdem war sie hübsch, und der Dichter umgab sich gerne mit gutaussehenden jungen Mädchen. Gemeinsam mit Adele Schopenhauer schwärmte Ottilie für den preußischen Offizier Ferdinand Heinke, der ihr, obwohl er bereits verlobt war, Avancen machte. Erst als er zurück nach Berlin beordert wurde, wagte es August von Goethe, sich Ottlie wieder zu nähern. Doch diese schrieb im Juli 1815 an ihre Freundin Adele: »*Heinke ist der einzige Mann, dessen Wert ich weit über den meinigen erhaben fühlte, zu dem ich hinaufstrebte und wo ich deutlich fühlte, wie untergeben ich ihm sei; der einzige, den ich nicht bloß liebte, sondern wahrhaft ehrte.*«

Den über alles geliebten Mann kann sie nicht heiraten, mit August, der demütig um sie wirbt, hat sie Mitleid, sie weist ihn nicht ab, er macht sich Hoffnungen, sie hält ihn hin.

Adele Schopenhauer sieht sehr klar, wenn sie ihrer Freundin Ottilie schreibt: »*Mein Kopf ist mir ganz verrückt, wenn er Dich als A.s Frau denkt, dieser harte, wilde Mensch, ich weiß, er zerstört Dich noch ganz. Ich stehe vor der Zukunft wie in einem gläsernen Zauberpalast, ich sehe um mich lauter Jammer und sehe ins Weite, ohne das Glas durchbrechen zu können. Ich weiß bestimmt, Du heiratest (...) – lieben, wie das Wort in unseren Seelen steht, kannst Du A. nicht. Darum sollst und mußt Du fort, laß Dich erbitten und erleichtere es A. nicht; der Sommer kommt, und dann gehst Du und bist gerettet. Gerettet, denn wir wollen uns nicht betrügen. Du kannst in diesem Verhältnis nicht glücklich sein.*«

Aber Ottilie hat sich, nach dem Verständnis der guten Gesellschaft, zu lange von August den Hof machen lassen, ihn zu lange als schmachtenden Bewerber geduldet, sie kann – unbeschadet – diese Beziehung nicht beenden, wie sie ihrer Mutter im Sommer 1816 mitteilt: »*Schon seit längerer Zeit, liebe Mutter, sah ich die Notwendigkeit ein, mit Dir einmal ausführlich über das Verhältnis mit Herrn von Göthe zu sprechen und Dich um eine Entscheidung darüber zu bitten, – dazu war aber erforderlich, daß ich ernstlich es betrachte(te) und dadurch völlig klar darüber mit mir würde, und es genau zergliederte. Daß dies wenig Erfreuliches für mich haben könnte und wohl gar irgend ein schmerzlicher Entschluß die Folge davon sein könnte, mußte ich wohl im voraus glauben; und so will ich gestehen, daß es Mangel an Kraft war, was mich bis jetzt es verschieben hieß. – Seit 3 Jahren habe ich entweder es so leichtsinnig hingehen lassen, ohne darüber zu grübeln, oder mich mit der Hoffnung getäuscht, es würde schon endlich sich lösen oder durch irgend einen Zufall gänzlich aufgehoben werden – Ich will und kann mich nicht länger darüber betrügen. – Es ist nicht durch die Heftigkeit einer Neigung unlöslich, – wohl aber durch die Länge der Zeit, die es bestanden. (...) Daß es nicht bestehen sollte, sagt mir meine Vernunft – ich frage immer: was soll's? – für ein Spiel ist es zu ernst und dauernd (...) Herr von Göthe steht nicht hoch genug über mir, daß er vielleicht vorteilhaft auf mich wirken und mich zu etwas erheben könnte, und selbst meine frohe Laune litt diesen Winter öfters darunter (...) Ich glaubte früher, es wäre Dir ganz gleichgültig, uns verheiratet zu sehen oder nicht – jetzt weiß ich doch wohl, daß Du es wünschst. – Und nehme ich nur den Fall an, daß mir noch einmal jemand gefiele und ich ihm, so würde ich doch nicht einwilligen können (...) Und wir können es uns nicht verschweigen, daß sogar vielleicht meine Ehre darunter leiden könnte.*«

Also – das Schicksal nimmt seinen Lauf, weil Ottilie zu lange abgewartet hat, weil eh nichts mehr zu retten ist oder weil vielleicht doch die Aussicht, Goethes Schwiegertochter zu werden, für ein verarmtes adliges Fräulein, deren Eltern getrennt leben, deren Mutter und Großmutter als Hofdamen von der Gnade der Regierenden abhängen, weil die Aussicht, dem Haus am Frauenplan – nach dem Tod Christianes 1816 – als Hausherrin vorzustehen, recht verlockend ist?

Ende des Jahres 1816 klagt Adele Schopenhauer in ihrem Tagebuch: »Mir ist's, wie vor einem gewaltsamen Tode einem Verurteilten sein muß; Ottilien betrachte ich als Augusts Braut. Alle übrige Pein verschwindet neben diesem Übel, denn hier hat meine Kraft ihr Ende gefunden.« Und im Januar 1817: »Um mich vor Ottiliens neuen Verhältnissen, meiner Sorglichkeit und all diesen bösen Träumen zu flüchten, geh' ich nach Jena. Hier ist ringsumher Widerspruch ... alles spricht von August. Ottilie hat ihn lieb, liebt ihn nicht. Sie bleibt ganz die alte, doch seine Gegenwart hindert mich oft.«

Trotz aller Bedenken – der Ehekontrakt wird aufgesetzt. Ottilie erhält 200 Taler sogenanntes Nadelgeld jährlich für ihre persönlichen Bedürfnisse und ein Witwengeld von 300 Talern. Am Hochzeitstag sendet ihr August einen Strauß weißer Rosen, auch 1830 – kurz vor seinem Tod – hat er es von Rom aus arrangiert, daß sie zum Hochzeitstag weiße Rosen erhält. Die Trauung findet im Haus am Frauenplan statt, Goethe, der zu diesem Zeitpunkt in Jena wohnt, kommt zur Feier für einige Stunden nach Weimar. Die Hochzeitsreise ist bescheiden, 1 ½ Tage Thüringen, doch der Brief, den Ottilie ihrem Schwiegervater schreibt, ist heiter; sie hat sich entschieden, sie scheint glücklich zu sein. »Nun, lieber Vater, denken Sie sich zwei junge Leute in einem offenen Wagen, bei trefflichem Sonnenschein und freundlichen Gesprächen von der Vergangenheit und Zukunft nach Dornburg hinrollen, sehen Sie sie dort an der herrlichen Gegend und dem innigen Gefühl des Glücks sich erfreuen, hören Sie viel herzliche Worte von einem verehrten Vater sprechen, (...) schließen sie alsdann mit einem fröhlichen Abendbrote, und Sie haben eine sehr richtige Skizze des ersten Tages.

Der folgende beginnt mit einem Blumenstrauß, der in den Wagen fliegt, als glückwünschender Gruß. Nun geht es nach Sulza ... von dort wendet man sich nach Kösen ... die Lustfahrt wird eine reine Sonnenfahrt ... und am Abend um 10 Uhr treffen die jungen Leute wieder in Weimar ein.«

Man bezieht die ausgebaute Mansardenwohnung im 2. Stock am Frauenplan, und Ottilie, als Herrin des Hauses, repräsentiert und »*der Papa hat die Schwiegertochter sehr lieb ... er teilt ihr alle Schätze mit, die er con amore hegt, ... und da sie geistvoll ist, hat sie große Freude daran und schmiegt ihr Gemüt sehr freundlich am Vater hinauf.*« (Sophie von Schardt)

Aber eine Hausfrau ist Ottilie nicht, wird es nie werden, sie kann nicht kochen, interessiert sich auch nicht dafür, sie ist unfähig, mit Geld umzugehen, und August, der Penible, Ordentliche übernimmt die Haushaltsführung. Spöttisch schreibt Ottilie an ihre engste Freundin, Adele Schopenhauer:

> »*Willst du den Ruhm der Häuslichkeit gewinnen*
> *darfst an nichts du denken, als an Kochen und Spinnen.*
> *Statt eines Epigramms und ein Liebesgedicht*
> *denk lieber an ein neues Gericht.*
> *Die Wirtschaft allein sei dein Steckenpferd*
> *und in nichts als in Saucen sei gelehrt.*
> *Sobald die Morgenröte nur erwacht,*
> *werde schnell an das Hühnerfutter gedacht.*
> *Dann müßtest du mit dem Schlüsselbunde gewaltig klappern*
> *und dann mit der Nachbarin über den Butterpreis plappern.*
> *(...)*
> *Dies, mein Kind, ist der Weg, der von der lieben*
> *Mutter Natur Euch ward vorgeschrieben.*«

Goethe nimmt keinen Anstoß an den mangelnden hausfraulichen Fähigkeiten seiner Schwiegertochter, kann er sich doch auf August verlassen: »*Mein Sohn führt die Hausordnung und ist sehr ökonomisch.*« Geldstreitigkeiten gehören bald zum Alltag von Ottilie und August von Goethe, sie ist sehr großzügig – in seinen Augen verschwenderisch – kauft sich zu viele Kleider, Hüte, unterstützt aber auch Mittellose, z. T. heimlich, gedeckt von Goethes Sekretär Eckermann, der Ottilie verehrt.

1818 und 1820 werden die Söhne Walther und Wolfgang geboren, der Großvater ist entzückt über seine Enkel, die Ehe Augusts und Ottilies besteht allerdings nur noch auf dem Papier.

Er ist ihr zu nüchtern, zu bürgerlich, zu bieder – er langweilt sie – und zur Abwechslung gibt es die vielen jungen Engländer, die zumeist in Göttingen studieren und gerne Besuch in Weimar abstatten, um den berühmten Dichter Goethe zu sehen; einige von ihnen sind sogar ausgestattet mit einem Empfehlungsschreiben von Lord Byron. Adele Schopenhauer spöttelt: »*Diese Engländer kommen mir eigentlich vor wie fremde Tiere – Vögel – und so amüsierten sie mich anfangs sehr, ziehen sie aber weiter, denkt man ihrer: ach, so einen Kakadu habe ich gesehn, ich wollte, es gäbe mehrere solche hierzulande.*«

Ottilie flirtet mit den jungen Männern, sieht sich verehrt, man huldigt ihr, August leidet, und der alte Goethe betrachtet das Treiben recht amüsiert. Andere sind da weniger verständnisvoll, der französische Prinzenerzieher Frédéric Soret, der Ottilie zunächst sehr zugetan war, notiert verärgert: »*Die Gesellschaft der Frau von Goethe gefällt mir nicht mehr so wie früher, denn man trifft dort stets eine Menge halbwüchsiger Engländer ... die für einen ausgewachsenen Menschen wie mich denn doch zu grün sind ... nichts als Tanzvergnügen und Lord Byron.*«

Aber als der alte Goethe im Februar 1823 schwer an Herzbeutelentzündung erkrankt, ist Ottilie zur Stelle: sie pflegt ihn, schont sich nicht und liest dem wieder Genesenden abends stundenlang vor. Nach seinem peinlich missglückten Heiratsantrag: er wollte, mittlerweile vierundsiebzigjährig, die neunzehn Jahre alte Ulrike von Levetzow zu seiner zweiten Frau machen, erkrankt Goethe noch einmal schwer, und wieder erweist sich Ottilie als eine treusorgende Schwiegertochter.

Ob der Dichter um die Liebschaften Ottilies mit Captain Sterling weiß? Zumindest ist August so besorgt um den Ruf seiner Frau und wohl auch um seine Ehe, dass er Ottilie Ende Dezember 1823 nach Berlin „zur Erholung" schickt, sie wohnt bei Familie Nicolovius, einem Enkel von Goethes Schwester Cornelia, und das gesellschaftliche Leben behagt ihr sehr. Auch Zelter, Goethes engster Freund, kümmert sich um sie. Der Dichter bedankt sich bei ihm mit folgenden Worten: »*Ottilie west nun in Berlin und wird es von Stunde zu Stunde treiben, bis sie von Zeit zu Zeit pausieren muß ... Du tust ihr, weiß ich, alles zur Liebe; das Beste kann freilich nicht ohne Aufregung ihres aufgeregten Wesens geschehen.*«

Sie ist August dankbar und schreibt: »*Es ist billig, lieber August, daß die ersten Zeilen, die ich in Berlin schreibe, an Dich gerichtet sind, dem ich vor allen die Freude verdanke, hier zu sein; und wüßtest Du, wie oft ich Deiner dankbar gedacht, oder ließe sich ein Gedankenhändedruck 82 Meilen weit fühlen, so würdest Du mit mir zufrieden sein.*«

Aber dann erfährt August, daß Sterling auch nach Berlin gereist ist, augenscheinlich, um dort Ottilie zu treffen. Er ist verbittert: »*Sterling ist von hier abgereist ... er geht nach Berlin! Nein, die Art seiner Abreise war weder klug noch zeugte sie von Freundschaft ... denn ohne jemand etwas zu sagen ... setzte er gegen die Gesellschaft alle Rücksicht aus den Augen und schied. Eine neue Erfahrung habe ich gemacht ... und meine Gutmütigkeit wird nie wieder auf eine Sandbank laufen.*«

Als Ottilie im März 1824 zurück nach Weimar kehrt, verbietet ihr August jeglichen weiteren Kontakt mit Sterling; Ottilie erkrankt schwer und fährt zur Kur nach Bad Ems – mit Zwischenaufenthalt in Frankfurt. Doch als sie nach der Kur um Geld bittet, um ihre Abwesenheit von Weimar zu verlängern, gibt August nicht nach, sondern schreibt ihr unmissverständlich: »*Ich habe mich sehr gewundert, daß Du nach meinem letzten Briefe, in welchem ich doch ganz deutlich geschrieben habe, daß ich wegen der Ausgaben den Aufenthalt in Frankfurt nicht wünschen kann ... noch wegen Deines Bleibens und Gehens fragen kannst. Ich traue Dir zu, da Du meine Lage in pekuniärer Hinsicht kennst, Du nicht ohne Not den Aufenthalt verlängern wirst.«*

Ottilie kehrt widerstrebend nach Weimar zurück, ihre Ehe ist mittlerweile völlig zerrüttet. Aus Rücksicht auf die Kinder und wegen des Schwiegervaters wahrt man nach außen hin die Formen. Ottilies erste Biographin Jenny von Pappenheim berichtet in ihren Erinnerungen über das Ehepaar: »*Erschienen sie öffentlich zusammen, so war ihr Benehmen tadellos, auch zuhause machten sie den Eindruck eines einigen Paares, sobald die Kinder bei ihnen waren.*«

Obwohl sie immer wieder erwägt, sich scheiden zu lassen, unterlässt Ottilie diesen Schritt, um den Schwiegervater, den sie wohl mehr liebt als ihren Mann, zu schonen. Ihrer Freundin Adele Schopenhauer schreibt sie: »*Die lautlose Kette ist recht um mein Leben gezogen und alles, was geschehen kann, ist jedes zu heftige Anstreben dagegen zu vermeiden, sonst klirrt sie und verräth dadurch ihr Dasein ...*«

Hinter dem Rücken ihres Mannes schreibt Ottilie auch noch weiterhin glühende Liebesbriefe an Sterling, der sich von ihr zurückzuziehen beginnt, was sie nicht begreifen will, um nicht alle ihre geheimen Illusionen zu zerstören. »*... ich sagte Dir einmal, daß ich Dir mein ganzes Leben widmen möchte, mein Leben ganz dem Deinigen unterwerfen ... Du warst freudig überrascht, gerührt, von mir das Wort ‚Gehorsam' – einem Manne gegenüber (zu hören) ... Dir gegenüber war ich echt weiblich.*«

Wegen ihrer angegriffenen Gesundheit soll Ottilie sich viel im Freien bewegen, reiten. Am 18. April 1826 stürzt sie vom Pferd und erleidet schwere Gesichtsverletzungen. Der Kunsthistoriker und Sammler Sulpiz Boisserée, der sich zu der Zeit in Weimar aufhält, schreibt in seinem Tagebuch: »*Erster Besuch bei der Schwiegertochter. Grüne Rouleaus, bleiches, totenhaftes Ansehen durch dies grünliche Licht; Stirn, Nase und Oberlippe mit schmalen weißen Pflastern verklebt, wie eine mit Papier verklebte Fensterscheibe. Alte und junge Engländer, einige Damen zur Gesellschaft um die Kranke, die mitten im Zimmer sitzt mit ihrem von dem Sturz gelähmten Knie. Geistreiches, lebhaftes Wesen.*«

Goethe will Ottilie, solange sie – seiner Meinung nach – entstellt ist, nicht anschauen; doch ab dem Sommer 1826 sieht man ihn wieder, in Begleitung seiner Schwiegertochter, Kutschfahrten unternehmen. Außenstehende, Besucher beschreiben immer wieder das enge Verhältnis des Dichters zu Ottilie, so der Prinzenerzieher Soret: »*Er ist zu ihr wie ein junger Ehemann zu seiner Gattin; scheint es, daß man sie vernachlässige, dann wird er zornig, und wenn man ihr die Cour macht, noch zorniger, das nenne ich Eifersucht! Aber trotz seines Alters gäbe ich, wenn ich Frau wäre, viel um einen solchen Liebhaber.*«

Ottilie ist wieder schwanger, leidet unter vielerlei Beschwerden, wie ihr Schwiegervater in einem Brief an Zelter schreibt: »*Meine Schwiegertochter sieht ihrer Entbindung, und wir mit ihr, um desto sehnsuchtsvoller entgegen, als sie diesmal in ihrem Zustand mehr als billig zu leiden hat.*« Am 29. Oktober 1827 kommt eine Tochter zur Welt, die auf Wunsch Goethes Alma genannt wird.

Um sich zu beschäftigen, gründet Ottilie 1829 eine literarische Wochenschrift mit dem bezeichnenden Namen „Chaos"; bis 1832, dem Todesjahr Goethes, wird dieses Journal erscheinen. Alle Beiträge, auch die Goethes, erscheinen anonym; die Anzahl der Mitarbeiter ist stattlich: Rahel Varnhagen, Johanna Schopenhauer, Felix Mendelssohn, Zelter, Wilhelm Grimm, Thomas Carlyle. Und Goethe betrachtet wiederum amüsiert-distanziert das Treiben seiner Schwiegertochter.

Am 22. April 1830 tritt August von Goethe seine lang ersehnte Reise nach Italien, zusammen mit Eckermann, an. Ottilie notiert in ihrem Tagebuch: »*Halb sechs Uhr aufgestanden. Dreiviertel verließ uns August, da er sich nicht entschließen konnte, länger dem Abschied von Minute zu Minute entgegenzusehen. Er ging zu Eckermann herüber und trat aber erst nach 8 Uhr mit ihm auf der Schnellpost seine Reise nach Italien an.*«

Schwer krank und psychisch zerstört, versucht August, seinen Jugendtraum zu verwirklichen und aus Weimar zu fliehen! Aus Mailand, Anfang Mai 1830, schreibt er an seine Frau: »*Liebe Ottilie! Ich bin nun 150 Meilen von Dir entfernt und will Dir doch auch ein vertrauliches Wort zukommen lassen, welches Dir meinen Zustand klarmachen soll. Ich ging wirklich so krank aus Weimar, daß ich nicht glaubte, Frankfurt lebendig zu erreichen … Nicht Üppigkeit oder Neugier konnten mich aus meiner Familie reißen, die äußerste Not trieb mich, um den letzten Versuch zu meiner Erhaltung zu machen. Manche, die mich in Weimar zuletzt gesehen, mögen das nicht begreifen, aber mein damaliges Benehmen war eine verzweifelte Maske. Ich wollte, Du könntest mich jetzt beobachten! Welche Ruhe im Gemüt ist eingetreten, wie stark fühle ich mich wieder, mit welcher Leichtigkeit steige ich die fünf Stufen zu meinem Zimmer! – Dir danke ich alles dieses, denn Du hast doch den Entschluß befördert und das Ganze gemacht; ich will es in der Zukunft zu vergelten suchen; könnte ich nur mein früheres Unrecht gegen Dich austilgen!*«

Ottilie ist froh über die Abwesenheit ihres Ehemanns, fürchtet sich jedoch bereits vor seiner Rückkehr, wie sie Adele Schopenhauer anvertraut: »*Nur Augusts Rückkehr droht mir wie eine unheilbringende Wolke, und der freundliche Brief, den er mir aus Mailand schrieb, wo er ausspricht, wie unrecht er gegen mich gehandelt, und hofft künftig anders zu sein, hat mich eher beunruhigt als getröstet. Alles, was die Kette zerrissen hätte, würde mir willkommen sein – sobald er ruhig und freundlich, habe ich kein Recht, mein Los zu ändern, – und doch ist dies das einzige, was mich beglücken könnte.«*

In Genua wird Eckermann, der sich mit August zerstritten hat und dem die Reise auch zu anstrengend wird, sich auf die Rückreise begeben. Goethes Sohn fährt weiter nach Rom, wo er am 26. Oktober 1830 an einer Hirnhautentzündung stirbt. Ottilie, die Ehefrau, und Goethe, der Vater, erhalten die Todesnachricht Anfang November. Eckermann, der eigentlich geplant hatte, seine Stelle bei Goethe zu verlassen, eilt nach Weimar und notiert am 23. November abends in sein Tagebuch: *»Kaum daß ich meine Wirtsleute begrüßt hatte, so war mein erster Weg in das Goethesche Haus. Ich ging zuerst zu Frau von Goethe. Ich fand sie bereits in tiefer Trauerkleidung, jedoch ruhig und gefaßt, und wir hatten viel gegeneinander auszusprechen.«*

Nach dem – von ihr geahnten – Tod ihres Mannes schreibt Ottilie an Adele Schopenhauer, die ihr die Verantwortung als Goethes Schwiegertochter in einem Brief wohl überdeutlich dargestellt hatte: *»Du sagst: Deutschland sieht auf mich, – liebe Adele, Deutschland sieht auf Goethe, – und ich pflege meinen Vater und nicht Goethe. – Ich habe mich nie gescheut, die Worte auszusprechen, die die Empfindungen meines Innersten bezeichneten, und ich bebe auch jetzt nicht davor zurück. Du willst, ich soll nur daran denken, daß ich frei bin, mit dem Wunsch, frei zu bleiben; Du möchtest, daß nicht ein Gedanke mich zu Sterling (...) trüge, und überhaupt ich mich überredete, es wäre eine Unmöglichkeit, daß ich je wieder heiraten könnte, – Du möchtest mich eine heroische Rolle spielen lassen, – und ich will mich nicht täuschen, will mir nichts einbilden, will keinem Glück ohne Notwendigkeit entsagen.«*

Ottilie, die sich noch einmal sehr für einen jungen Engländer erwärmt, der ihr sogar einen Heiratsantrag macht, die sich weiterhin nach Sterling verzehrt, ist für die nächste Zeit die brave Schwiegertochter. Zwar mag es sie gekränkt haben, nach dem Tod Goethes, am 22. März 1832, zu erfahren, dass das Vermögen ihren Kindern überschrieben war, sie ihre Apanage nur erhielt, wenn sie sich nicht mehr verheiratete, aber zum ersten Mal in ihrem Leben war sie frei, konnte und wollte Weimar verlassen. Sie fährt an den Rhein, besucht in Unkel und Bonn Adele Schopenhauer, die sich dort mit der reichen Bankiersfrau Sibylla Mertens-Schaaffhausen angefreundet hat, sie trifft sich noch einmal mit Sterling und erlebt eine kurze Affäre mit einem anderen jungen Engländer namens Story, die nicht ohne Folgen bleibt. Wie gut, daß sie die Mertens kennengelernt hat, die Verständnis und – besonders wichtig in diesem Fall – Geld hat.

Sibylla schickt der schwangeren Ottilie Anna Jameson entgegen, die sie nach Wien begleitet. Diese Reise wird als Bildungsreise getarnt, am 15. Februar 1835 wird die Tochter Anna-Sibylle in der Stadt an der Donau geboren und bald Pflegeeltern übergeben.

Sibylla Mertens-Schaaffhausen ist inzwischen in Genua während einer Choleraepidemie karitativ tätig, kümmert sich um Waisenkinder. Den genialen Plan, Anna-Sibylle nach Genua zu holen, sie als Cholerawaise auszugeben und von Ottilie adoptieren zu lassen, verhindert Anna-Sibylles Tod nach nur anderthalb Lebensjahren im Sommer 1836 in Wien.

In den nächsten Jahren hat Ottilie, die zwischen Dresden, Wien und Weimar pendelt, viel Kummer mit ihren Söhnen Walther und Wolfgang, von denen ihre erste Biografin meint, sie seien verzärtelt und in zu „dünner Hofluft" aufgewachsen. Wolfgang, dessen schriftstellerische Pläne scheitern, macht immerhin ein glänzendes Abitur, studiert mit Erfolg Jura und arbeitet einige Jahre erfolgreich im diplomatischen Dienst, bevor er sich frühzeitig pensionieren lässt, um sich um den Nachlass seines Großvaters zu kümmern. Walther fühlt sich zum Komponisten berufen und schreibt eine erfolglose Oper nach der anderen, die Ottilie, oft mit Hilfe von Freunden, in Weimar, Berlin und Köln zur Aufführung bringen will. Der Sohn entzieht sich ihr, kann nicht mit ihr zusammen wohnen: »*Du kennst meinen Abscheu gegen Eure Unruhe ... laß mich auf meine Art meinen Weg gehen ... Euer ewiges Schweben über der Erde, statt auf ihr zu gehen, Eure stets wechselnden Pläne, Eure Unruhe und das ganze Durcheinander wirkt immer störend auf mich ein (...) aber ich, Mama, ich fange an, das alles gänzlich zu verachten, (...) all die Opfer, die man der Etiquette bringt, die Vornehmigkeit, die Geldbesitzigkeit, ... der ganze Trara der Welt kommt mir miserabel vor ...*«

Wie sehr dieser schwierige Sohn ihr Leben bestimmte, gesteht Ottilie 1855 in einem Brief an Sibylla Mertens-Schaaffhausen: »*Walther ist schon seit mehreren Jahren der wunde Punkt meines Lebens, ich habe mehr für ihn und durch ihn gelitten wie durch irgendeinen Mann – und das will viel sagen. Und er ist vortrefflich!*«

Immer häufiger ist Ottilie in Wien, nicht zuletzt, weil sie sich bei ihrem Freund, dem Arzt Romeo Seligmann, der ihr bei der Geburt ihrer unehelichen Tochter beistand, geborgen fühlt. Ihr letzter Liebhaber, der Zeitungsverleger Gustav Kühne aus Leipzig, hat ein junges Mädchen geheiratet, Ottilie ist vereinsamt. In Wien kann sie noch Hof halten, der Name Goethe öffnet ihr noch alle Türen und alle Logen im Theater, Grillparzer gehört zu ihren treuen Hausfreunden. Als ihre Tochter Alma 1844 an Typhus stirbt, schreibt ihr der österreichische Dramatiker den Nachruf. Nach dem Tod der Tochter, deren Erbteil Ottilie zufällt, blühen die Gerüchte über die Todesursache.

Mit ihrem nervenkranken Sohn Wolfgang geht Ottilie für einige Zeit nach Italien, ohne dass er eine Besserung seines Zustands erfährt. Sie hat wieder ständig Geldsorgen, besonders nachdem ihre Mutter und Sibylla Mertens-Schaaffhausen gestorben sind, die ihr bis dahin immer geholfen haben. Auch ihre älteste Freundin Adele Schopenhauer ist bereits 1849 in Bonn gestorben, deren Bruder Arthur schreibt ihr im April 1860:

»Liebe Ottilie!

Wir werden alt und rücken zusammen. Rechts und links ist alles weggestorben, zumal mir, der ich 10 Jahre älter bin. Wir leben mehr und mehr in der Erinnerung. An Ihnen habe ich noch eine von den höchst wenigen, die mich jung gekannt (...)
Der Strom der Zeit kommt über uns, überdeckt alles und die Vergessenheit verschlingt es bis auf ganz wenige Erinnerungen. (...)
Gedenken Sie bisweilen Ihres alten Freundes

Arthur Schopenhauer«

Ab 1869 lebt Ottilie in Jena, später ab 1870 wieder in Weimar, das Andenken an ihren Schwiegervater ist ihr teuer. Als in einem Zeitungsartikel behauptet wird, Goethe sei kalt, egozentrisch gewesen, ist sie empört und schreibt dem Goetheforscher Rudolf Abeken: *»Ich habe 15 Jahre mit meinem Schwiegervater zusammen gelebt, mit einem warmen, jungen, törichten Herzen, mit einer großen Dosis Phantasie und ebensoviel Unvernunft, und nie habe ich auch nur einmal gefunden, er sei kalt oder herzlos. (...) er stellte sich immer auf den Standpunkt des Andern, und so war er mild, verstehend und bei Irrtümern erbarmend (...) Ein Hauptzug meines Vaters war, daß er ganz neidlos. Nur reine Freude empfand er, wo ihm Großartiges entgegentrat ...«*

Kurz vor ihrem Tod besucht sie noch einmal der engste Freund ihres Sohnes Wolfgang, Otto Mejer, und beschreibt ihre Vereinsamung, ihre Schwäche, aber auch ihre Freundlichkeit und Güte. Am 26. Oktober 1872, kurz vor ihrem 76. Geburtstag, ist Ottilie von Goethe gestorben. Die Söhne schrieben an den Großherzog von Weimar: *»In unserer guten, und ich darf wohl sagen, großen Mutter, verlieren wir für dieses Leben den besten Bestandteil unseres Daseins und können Gott nur bitten, daß er uns die Kraft gebe, diesen Verlust würdig zu ertragen!«*

Und Gustav Kühne, der ehemalige Geliebte, sagte in seinem Nachruf: »*Nie gab es eine Natur, die sich aufrichtiger und unerschrockener zu dem bekannte, was sie für recht, edel und menschenbeglückend hielt (...) Das Evangelium, das sie predigte, war Freiheit der Selbstbestimmung, nach den Gesetzen einfach edler Natur.*«

**Charlotte von Kalb
(1761 – 1843)**

Charlotte von Kalb

Als am 25. Juli 1761 auf Schloss Waltershausen in der Rhön ein Mädchen geboren wird, ruft die Großmutter zornig aus: »*Du solltest nicht da sein!*« Dieser verächtliche Satz wird so häufig an der Wiege wiederholt, dass der um ein Jahr ältere Bruder Fritz seine Schwester Charlotte zunächst nur mit dem Namen „Dasein" anredet.

Über der Geburt und der Kindheit der Charlotte Sophia Juliane Marschalk von Ostheim liegen dunkle Wolken. Es war dringend ein gesunder Sohn erwartet worden, um einen vermeintlichen Familienfluch abzuwenden. Angeblich soll der Erstgeborene genau in der Geburtsstunde des zweiten Sohnes Fritz gestorben sein. Als Wilhelmina Rosina Marschalk von Ostheim sehr bald wieder schwanger wird, leidet sie unter Depressionen und Wahnvorstellungen, fürchtet, ein totes Kind zur Welt zu bringen oder mit einem neuen Sohn den zweiten zu töten oder bloß ein Mädchen zu gebären, dass die Erbfolge nicht sichern konnte. Die Schwiegermutter besteht darauf, dass ein zweiter Sohn geboren werde und dass beide Söhne leben werden. Der Name steht schon fest; der Gedanke an eine Enkelin ist für die alte Frau Marschalk von Ostheim indiskutabel. Mit umso größerem Zorn begrüßt sie Charlotte. Auch die Mutter will von ihrer Tochter nichts wissen, sie kümmert sich nur um den Sohn Fritz, Charlotte bleibt auch in Ungnade, als noch drei weitere Töchter geboren werden: Wilhelmine, Eleonore, Caroline – so als sei sie die Verursacherin all dieses Unglücks. Lediglich der Vater hegt eine zärtliche Zuneigung zu seiner ältesten Tochter, die außer ihm nur noch ihren Bruder liebt. 1768 wird Charlotte für einige Zeit zu Verwandten geschickt, um sich in anderer Umgebung zu zerstreuen und zu beruhigen. Das kleine Mädchen ist äußerst labil, ‚nervenschwach', neigt zu exaltierten Ausbrüchen und Phasen tiefster Depression, was bei dem heutigen Forschungsstand über pränatale und frühkindliche Einflüsse kaum überraschen kann. Außerdem kränkelt Charlotte beständig, leidet fast ununterbrochen unter Augenschmerzen; sie hat eine angeborene Sehschwäche, ist auf dem rechten Auge fast blind und besitzt auf dem linken auch nicht die volle Sehkraft, sieht alles verschwommen – das Übel wird sich im Laufe ihres Lebens stetig verschlimmern.

Auch bei den Verwandten zeigt sich Charlotte unruhig und überängstlich, nach einem Alptraum ist sie davon überzeugt, der geliebte Vater sei gestorben, einen ganzen Tag lang schreibt sie überall hin nur seinen Namen. Als wenige Tage später die Meldung eintrifft, Johann Friedrich Philipp Marschalk von Ostheim sei fünfundvierzigjährig an einem Fieberanfall gestorben, sieht sich Charlotte nur in ihrer Angst bestätigt, sie könne in die Zukunft schauen.

Zurück auf Schloss Waltershausen, wird Charlotte, weil sie ja der Liebling des Vaters war, zum ersten Mal rücksichtsvoll und mit Achtung behandelt. Doch wenige Monate nach dem Vater, im Frühjahr 1769, stirbt die Mutter ebenfalls an einer fiebrigen Erkrankung. Charlotte ist nun mit sieben Jahren Vollwaise und auf die Güte der Verwandten angewiesen. Glücklicherweise sind die Ostheimschen Kinder reich und können ihre Erziehung und ihren Lebensunterhalt selbst bezahlen. Ausgedehnte Ländereien, Wälder und mehrere Schlösser gehören den fünf Geschwistern.

Während Fritz mit seinem Hofmeister bei einem Onkel wohnt und bald standesgemäß mit Diener die Universität in Göttingen besucht, werden die Mädchen vom Vormund einer Pflegefamilie in Meiningen übergeben. Es fehlt ihnen an nichts, sie werden ordentlich gekleidet und ernährt, haben ihre eigenen Kindermädchen und Gouvernanten, nur Liebe erfahren sie nicht. Die Pflegemutter ist von beständigen Schwangerschaften geplagt und kann sich nicht auch noch um die vier Ostheimschen Mädchen kümmern. Als sie mit fünfunddreißig Jahren nach dem siebten Kindbett stirbt, muss eine neue Pflegefamilie gesucht werden, wo die vier Mädchen die letzte Zeit bis zur Heirat überbrücken können. Denn so selbstverständlich wie auch die adligen Mädchen lediglich zur künftigen Ehefrau und Mutter erzogen wurden, so selbstverständlich war es, sie möglichst schnell gut zu verheiraten. Bei Charlotte, Wilhelmine und Eleonore Marschalk von Ostheim, die allesamt reiche Erbinnen waren, konnte es nicht schwerfallen, sie frühzeitig zu verheiraten. Caroline, die Jüngste, war leider ein wenig verwachsen, aber für solch traurige Fälle gab es ja die Damenstifte.

Charlotte fehlt es nicht an Bewerbern, sogar ihr Hauslehrer verliebt sich – natürlich hoffnungslos – in sie: doch auch mit aussichtsreicheren Freiern mag sie sich nicht ernsthaft beschäftigen, weil sie für sie keine Liebe empfindet. Ihr Vormund ist zunächst verständnisvoll genug, Charlotte noch nicht zur Ehe zu zwingen, obwohl sie – nach ungeschriebenem Gesetz – als Älteste auch zuerst verheiratet werden müsste.

Ihre Schwester Wilhelmine hingegen, die sich in einen Bürgerlichen verliebt, wird dazu gebracht, schnellstens einen elsässischen Freiherrn zu ehelichen. Sie lässt alles scheinbar willenlos und stumm über sich ergehen, nach der Trauung wird sie ohnmächtig. Ihr Mann trägt die bewusstlose Wilhelmine in die Kutsche und fährt davon – Charlotte hat die Vision eines Leichenwagens; ein knappes Jahr später stirbt Wilhelmine bei der Geburt ihres ersten Kindes.

Auch Eleonore, die dritte Tochter, wird noch vor der Ältesten, vor Charlotte verheiratet – die Leute in Meiningen reden bereits. Um Eleonore bewirbt sich der Weimarer Kammerpräsident von Kalb, der soeben wegen Unfähigkeit und finanzieller Misswirtschaft von Herzog Carl August entlassen worden ist. Seine Stelle vertraut der Herzog seinem jungen Freund Goethe an, zum Verdruss einiger älterer Minister, die daraufhin ihren Rücktritt anbieten. Doch Goethe verwaltet sein Amt besser und auf jeden Fall redlicher als Kalb, der verdächtigt wurde, in die eigene Tasche gewirtschaftet zu haben. Kammerpräsident von Kalb ist fünfunddreißig Jahre alt, Witwer und hoch verschuldet. Eleonora Marschalk von Ostheim ist schön, sanft, achtzehn und unermesslich reich. Bruder Fritz unterstützt die Werbung, der Vormund zeigt sich vom redegewandten Kammerpräsidenten beeindruckt; was Eleonore empfand, wird nicht berichtet. Die Heiratsvorbereitungen sind bereits im Gang, als die Nachricht eintrifft, dass Fritz Marschalk von Ostheim am 20. November 1782 in Göttingen plötzlich gestorben ist. Obwohl Eleonore seine Lieblingsschwester war, hat er Charlotte unbedingt vertraut, ihr häufig geschrieben, und die beiden hatten geplant, nach Abschluss seines Studiums eine große gemeinsame Reise zu unternehmen.

Der Tod des jungen Mannes ist nie ganz geklärt worden. Es gab Gerüchte, er sei bei einem Duell umgekommen, die offizielle Version sprach von Nierenversagen; aber auch „Mord auf Bestellung" wurde vermutet: möglicher Auftraggeber der Kammerpräsident von Kalb, der merkwürdigerweise, bevor der Vormund in Göttingen eintraf, den Befehl gegeben hatte, das Grab seines Freundes Fritz zumauern zu lassen. Eine Exhumierung der Leiche war nun nur noch mit großem Aufsehen möglich, folglich wurde darauf verzichtet. Ein Motiv hätte der Kammerpräsident gehabt: mit Fritz war der Haupterbe gestorben. Das Ostheimsche Vermögen teilten sich jetzt die drei Schwestern Charlotte, Eleonore und Caroline. Zwar meldeten plötzlich alle möglichen Vettern ihre Ansprüche an, die der Vormund jedoch vorläufig zurückweisen konnte. Doch Jahrzehnte lang wird das Leben Charlottes von Erbschaftsstreitereien und Prozessen begleitet sein.

Nach der Heirat Eleonores fährt Charlotte mit ihr und ihrem Schwager auf eines der vielen Ostheimschen Schlösser. Bald schon kommt der jüngere Bruder des Kammerpräsidenten, der Offizier in französischen Diensten Heinrich von Kalb zu Besuch. Nichts wäre dem Kammerpräsidenten lieber als eine Heirat zwischen Charlotte und seinem schwachen, ihm ergebenen Bruder – denn dadurch hätte er den Zugriff auf zwei Drittel des Erbes.

Von allen Seiten ermahnt und gedrängt (sie ist immerhin schon 22, es wird Zeit!) heiratet Charlotte am 25. Oktober 1783 Heinrich von Kalb. Die Ehe wurde wohl auf beiden Seiten ohne Liebe geschlossen: sie heiratet aus Konvention, weil es nun mal sein musste, er heiratet wohl nur, um seinem Bruder einen Gefallen zu tun. Charlotte und Heinrich von Kalb haben keine gemeinsamen Interessen, haben sich nichts zu sagen – die Ehe ist von Anfang an unglücklich. Zunächst zieht man nach Bayreuth, doch Heinrich langweilt sich, wird launisch und unzufrieden und meldet sich zurück zum Dienst.

Im Frühjahr 1784 begleitet Charlotte ihren Mann zunächst in die Garnisonsstadt Landau, was durchaus nicht üblich war. Offiziere lebten nicht mit ihren Familien zusammen, hatten aber ein halbes Jahr Urlaub.

Im Sommer hält sich Charlotte, zeitweilig gemeinsam mit Heinrich von Kalb, in Mannheim auf, wo sie am 9. Mai 1784 den dortigen Theaterdichter Friedrich Schiller kennenlernt. Das Ehepaar von Kalb unternimmt zusammen mit Schiller Ausflüge, man isst gemeisam; Charlotte verliebt sich in den Dichter, er zeigt sich beeindruckt und schreibt am 26. Mai an seine Gönnerin Henriette von Wolzogen: *»Vor einem Monat waren Herr und Frau von Kalb hier, und machten mir in ihrer Gesellschaft einige sehr angenehme Tage. Die Frau besonders zeigt sehr viel Geist, und gehört nicht zu den gewöhnlichen Frauenzimmer Seelen.«* Auch dem Theaterintendanten Dalberg gegenüber äußert sich Schiller lobend über Charlotte von Kalb und bezeichnet sie als eine *»vortreffliche Person«* (…), *»die, ohne aus ihrem Geschlecht zu treten, sich glänzend davon auszeichnet«*.

Charlotte von Kalb zieht Ende Juli fest nach Mannheim, während ihr Mann in die Garnison zurückkehrt. Sie ist schwanger und bringt am 8. September 1794 ihren Sohn Fritz zur Welt. Kurz nach der Geburt hat sie ein traumatisches Erlebnis, das sie zutiefst verstört. Sie glaubt, in ihrem Zimmer eine irrsinnige oder betrunkene Frau zu sehen mit unordentlicher Kleidung und aufgelösten Haaren, die auf ihr Bett zukommt; Charlotte schreit entsetzt auf, doch als der Arzt eintrifft, ist sie völlig starr und zeigt mehrere Tage keinerlei Regung. Heinrich von Kalb, der die „Nervenzufälle" seiner Frau kennt, ist das Aufsehen, das sie erregt, nur ausgesprochen peinlich.

Schiller dagegen kommt täglich, nach außen hin versucht man, den Schein der Freundschaft zu wahren, geht gemeinsam ins Theater – auch mit Herrn von Kalb – wenn er in Mannheim weilt. Schiller gilt als gern gesehener Gast des Hauses, und es ist im Nachhinein nicht festzustellen, ob Heinrich von Kalb nichts ahnt oder mitspielt. Für Schiller ist seine Freundin nicht nur eine leidenschaftliche Geliebte, sondern auch unentbehrliche Gesprächspartnerin, unersetzliche Anregerin; er liest ihr seine schriftstellerischen Versuche vor, diskutiert mit ihr seine Dramenfiguren, besonders die weiblichen, bei denen seine Phantasie oft nicht ausreicht – doch das Verhältnis zu Charlotte, die sehr anstrengend sein kann, die nicht nur anbetet, sondern scharf kritisiert, Höchstleistungen fordert, die immer geistreiche Gespräche verlangt und ihn mit ihrer zeitweiligen Exaltiertheit, mit ihren depressiven Anfällen strapaziert, dieses Verhältnis wird Schiller auf die Dauer zu eng und zu anstrengend. Er nimmt eine Einladung Körners nach Dresden an und unterrichtet Charlotte erst kurz vor seiner Abreise im April 1785 davon; sie fühlt sich – mit Recht – hintergangen und macht ihm eine veritable Szene. Auch später hat Schiller sich gegenüber Charlotte unehrlich und feige betragen, so als habe er Angst vor ihr und ihren unbedingten Forderungen und Ansprüchen.

Charlotte bleibt vorläufig in Mannheim, verkehrt viel mit Theaterleuten, besonders mit dem Schauspieler Beck, der Schiller sehr verehrt. Sie besucht auch häufig Sophie La Roche, die in ihrer praktisch-nüchternen Art, die sie im täglichen Leben zeigte, auch wenn sie noch so sentimentale Romane schrieb, beruhigend auf Charlotte einwirkte. Doch der Kammerpräsident von Kalb, ihr Schwager, kommt und befiehlt Charlotte, Mannheim zu verlassen, zu ihrem Mann auf das Stammschloss Kalbsrieth in die Pfalz zu ziehen. Zunächst weigert sich Charlotte beharrlich, weil sie auf die Rückkehr Schillers wartet, und dann erhält sie noch einigen Aufschub, weil sie wieder schwanger ist.

Sie bringt am 19. April 1786 ihre Tochter Adelheid zur Welt, die drei Wochen später stirbt. Ihr Schwager gibt ihr die Schuld am Tod ihres Kindes, weil sie es, entgegen seinem Rat, gestillt hatte, was damals in einigen Kreisen als gefährlich für Mutter und Kind galt.

Charlotte gibt nach und fährt in die Pfalz, wo sie in den folgenden Monaten nichts anderes zu tun hatte, als Verwandte und Bediente zu pflegen, weil eine Epidemie ausgebrochen war. Dann flieht sie nach Weimar; sie stand in brieflichem Kontakt mit Knebel und Goethe und war ein gern gesehener Gast bei Hofe.

Schiller hatte inzwischen andere Affären (u. a. in Dresden mit Henriette von Arnim) und beeilt sich nicht, Charlottes Wunsch zu erfüllen, sich mit ihr in Weimar zu treffen.

Für einige Wochen muss Charlotte von Kalb zu einem Erholungsaufenthalt nach Gotha, wo der berühmte Arzt Hufeland ihre immer schlechter werdenden Augen behandelt. Die Augenheilkunde war noch nicht entwickelt; er kann lediglich kurzzeitige Linderung der Schmerzen vermitteln, doch Charlottes Sehkraft nimmt ständig ab. Psychische Erregungen verschlimmern ihr Leiden, nach ernsten Aufregungen war sie oft tagelang blind.

Am 21. Juli 1787 findet dann endlich die ersehnte Wiederbegegnung mit Schiller in Weimar statt. Charlotte führt den Dichter in die Adelsgesellschaft ein, um ihm lebensnotwendige Beziehungen zu beschaffen, aber er zeigt sich nicht gerade entzückt. Er beklagt sich am 12. August in einem Brief an Körner: »*Diese Tage habe ich in großer adliger Gesellschaft einen höchst langweiligen Spaziergang machen müssen. Das ist ein notwendiges Übel, in das mich mein Verhältnis mit Charlotten gestürzt hat – und wieviel flache Kreaturen kommen einem da vor!*«

Noch weniger behaglich wird ihm, als Charlotte, zu der die alte Leidenschaft wieder aufgeflammt ist, ihm eröffnet, sie gedenke, sich scheiden zu lassen und ihn zu heiraten. So berauschend er diese Überlegungen zunächst findet, so sehr flößen sie ihm bald Angst ein; verschlüsselt und zögerlich schreibt er an Körner: »*Sie hat mich mit einer heftigen bangen Ungeduld erwartet. Mein letzter Brief, der ihr meine Ankunft gewiß versicherte, setzte sie in eine Unruhe, die auf ihre Gesundheit wirkte. Ihre Seele hing nur noch an diesem Gedanken – und als sie mich hatte, war ihre Empfänglichkeit für Freude dahin. Ein langes Harren hatte sie erschöpft, und Freude (be)wirkte bei ihr Lähmung. Sie war fünf, sechs Tage nach der ersten Woche meines Hierseins fast jedem Gefühl abgestorben, nur die Empfindung dieser Ohnmacht blieb ihr und machte sie elend. Ihr Dasein war nur noch durch konvulsivische Spannungen des Augenblicks hingehalten. Du kannst urteilen, wie mir in dieser Zeit hier zumute war. Ihre Krankheit, ihre Stimmung und dann die Spannung, die ich hierherbrachte (...) Jetzt fängt sie an, sich zu erholen, ihre Gesundheit stellt sich wieder her und ihr Geist wird freier. Jetzt können wir einander etwas sein. Aber noch genießen wir uns nicht in einem zweckmäßigen Lebensplan, wie ich mir versprochen hatte. Alles ist nur Zurüstung für die Zukunft.*«

Schiller hat wohl auch eine Zeitlang mit dem Gedanken gespielt, zu dritt zusammenzuleben, solche Überlegungen waren der damaligen

Zeit nicht fremd. In Weimar wissen alle über die Liebesgeschichte Charlottes mit Schiller Bescheid, und sie wird allgemein toleriert. Mit Freundlichkeit und Wohlwollen wird Schiller – dank der Beziehungen Charlottes – überall aufgenommen, selbst die Herzoginmutter Anna Amalia lädt beide gemeinsam ein. Doch Charlotte ist mit Schillers Betragen bei Hofe nicht zufrieden; wie Charlotte von Stein bei Goethe, muss sie erzieherisch wirken, ihn auf seine mangelhaften Manieren hinweisen. Schiller fühlt sich beleidigt, er will keine Karriere bei Hofe machen, er will sich keine adligen Sitten anerziehen lassen; plötzlich findet er Charlotte steif, prätentiös, konventionell; Charlotte wird ihm fremd, er verliebt sich in eine andere Adlige, ohne Ansprüche, ohne Forderungen, ohne große geistige Gaben, in Lotte von Lengefeld.

Charlotte hat immer wieder – mit vielen Unterbrechungen – in Weimar gelebt, in den Jahren 1787 bis 1799; ihre Familie hatte dort ein Haus, Goethe, Herder und Knebel schätzen sie und vor allem ihren wachen Verstand sehr, man schmeichelt ihr, man macht ihr den Hof.

Deshalb kann sie es auch nicht fassen, dass sich Schiller für eine sanfte, anschmiegsame, nicht gerade vor Esprit sprühende Frau interessiert und sie ihr vorzieht.

Im Oktober 1788, als er in Rudolstadt bei Familie Lengefeld zu Besuch ist, schreibt Schiller an Körner über Charlotte von Kalb: »*Ich hab ihr diesen Sommer gar wenig geschrieben, es ist eine Verstimmung unter uns, worüber ich Dir einmal mündlich mehr sagen will. Ich widerrufe nicht, was ich von ihr geurtheilt habe, sie ist ein geistvolles, edles Geschöpf – ihr Einfluß auf mich aber ist nicht wohltätig gewesen.*«

Lange Zeit scheut sich Schiller, Charlotte von Kalb die Wahrheit zu sagen, ihr zu gestehen, dass er nicht mehr daran denkt, sie zu heiraten. Ängstlich versucht er, Lotte und ihre Schwester Caroline von Beulwitz dazu zu bewegen, sich nicht mit Charlotte von Kalb zu treffen, weil er eine Szene befüchtet. Mit schlechtem Gewissen und arg untertreibend schreibt er an Caroline von Beulwitz über sein Verhältnis zu Charlotte: »*Sie hat auf meine Freundschaft – die gerechtesten Ansprüche und ich muß sie bewundern, wie rein und treu sie die ersten Empfindungen unserer Freundschaft, in so sonderbaren Labyrinthen, die wir miteinander durchirrten, bewahrt hat.*

Sie ahndet nichts von unserm Verhältnis; auch hat sie, mich zu beurtheilen, nichts als die Vergangenheit und darin liegt kein Schüssel zu der jetzigen Stellung meines Gemüts –«

Auch als Schiller erfährt, dass Charlotte mit aller Macht ihre Scheidung betreibt, wagt er es nicht, ihr die Wahrheit zu sagen, sondern wendet sich hilfesuchend an seinen Freund Körner: »*Wie gern hätte ich Dich ... (in dieser Angelegenheit) zu Rat gezogen! Sie betrifft Charlotte Kalb und mein neues Verhältnis mit Lotte Lengefeld. Vielleicht wirst Du Dir die Hauptsache zusammensetzen.*

Mit der Kalb wird es wahrscheinlich zur Scheidung von ihrem Mann kommen; auf den Brief, den Sie ihm darüber schrieb, hat er so geantwortet, dass er ihrem Willen nicht Gewalt antun wolle, und die Hindernisse, die er entgegen setzt, sind durch einen neuen Brief, den sie ihm deswegen schrieb, ganz widerlegt. Er beruft sich auf eine Liebe, die sie ihm nie gezeigt und nie für ihn gefühlt hat, und auf die seinige, die sie nie erfahren hat.«

Während Schiller Charlotte hinhält und sie – als einziger Eingeweihter – in ihren Scheidungsangelegenheiten notgedrungen unterstützt, entwirft er seiner heimlichen Verlobten Lotte ein negatives Charakterbild von seiner ehemaligen Geliebten: »*Ich habe es nie leiden können bei der Kalb, daß sie soviel mit dem Kopf hat tun wollen, was man nur mit dem Herzen tun kann. Sie ist durchaus keiner Herz-*

lichkeit fähig. Sonst hat man dort in Verhältnissen, wie meins gegen sie war, Momente der Wärme, die sie auch wirklich hatte; aber ich zweifle, ob sie Wärme geben kann. Ihr laurender Verstand, ihre prüfende kalte Klugheit, die auch die zärtesten Gefühle, ihre eigne(n) sowohl als fremde, zerschneidet, fodert einen immer auf, auf seiner Hut zu sein.«

Alles das, was ihn an Charlotte so fasziniert hatte, ihr Geist, ihr analytischer Verstand, ihre Fähigkeit zu sachlicher Diskussion, wird nun ins Negative verzerrt. Plötzlich zählen solch vage, ach so weibliche Eigenschaften wie Wärme, Herzlichkeit, zarte Gefühle, die Charlotte gewiss besaß, allein. Im reibungslosen Verhältnis mit dem sanften Seelchen Lotte hat Schiller erkannt, wieviel angenehmer, ja bequemer er es haben konnte als mit der leidenschaftlichen, aufregenden und anspruchsvollen Charlotte von Kalb.

Frau von Kalb merkt, dass Schiller sich von ihr entfernt; sie ahnt, dass er sich für eine andere Frau interessiert, von ihm jedoch erfährt sie nichts. Dritte bringen ihr die Nachricht von Schillers bevorstehender Heirat, sie kann sich nicht beherrschen und liefert in der Öffentlichkeit eine Szene, ein Verhalten, das Schiller dann indigniert als sehr ‚unedel' tadelt. Er zeigt keinerlei Verständnis für die Frau, die sich um all ihre Hoffnungen betrogen sieht.

Mittlerweile weiß Charlotte, dass Mann und Schwager sie langsam aber sicher durch Verschwendungssucht und ungeschickte Spekulationen um ihr Vermögen bringen, sie will sich auch scheiden lassen, um den ihr verbliebenen Teil des Besitzes für ihren Sohn Fritz zu retten. Familie von Kalb willigt in die Scheidung ein, wenn Charlotte auf ihr Kind verzichtet – etwa gleichzeitig erfährt sie von Schillers bevorstehender Heirat mit Lotte von Lengefeld. Als dann noch ihr Mann und ihr Schwager überraschend nach Weimar kommen, gibt sie auf. Schiller kann beruhigt seinem Freund Körner melden: *»Hab ich Dir schon geschrieben, daß der Mann von der Charlotte* *schon seit dem Anfang des Winters in Weimar ist, und daß er und sein Bruder, der Präsident, sie überrascht und wieder besänftigt haben. Wie ich höre, stehen sie jetzt leidlich ...«* Durch eine erneute Schwangerschaft Charlottes wird die vermeintliche Versöhnung der Ehegatten auch noch der Öffentlichkeit bekannt gemacht.

Kurz vor seiner Heirat erhält Schiller wohl noch einmal einen vorwurfsvollen Brief Charlottes, auf den er nicht gerade mit Takt und Anstand reagiert. Stolz vermeldet er seiner Braut: »*Ich habe eben einen Brief an die xxx geendigt und zwar eine Antwort auf einen, den ich heut von ihr erhalten habe. Sie beträgt sich wie gewöhnlich sehr ungraziös und ich habe mich, däucht mir, sehr schön an ihr gerächt. (...) Der xxx habe ich von unsrer Glückseligkeit geschrieben; dieses war meine Rache, und sie hat sie reichlich verdient.*«

Schiller und Lotte Lengefeld heiraten am 22. Februar 1790, Charlotte von Kalb vernichtet kurz danach ihren Briefwechsel mit Schiller; im September 1790 bringt sie eine Tochter zur Welt, die sie nach einer Gestalt aus Wielands „Oberon" Rezia nennt. Das Mädchen hat seinen exzentrischen Namen nie akzeptiert und sich stets Edda nennen lassen.

Im Zuge der Französischen Revolution verliert Heinrich von Kalb 1790, der bei einem französischen Regiment gedient hat, seine Stellung. Auch alle seine Bewerbungen bei deutschen Fürsten scheitern, er zieht sich mit Frau und Kindern nach Schloss Kalbsrieth zurück. Das enge Zusammenleben bekommt der ohnehin unmöglichen Ehe ganz und gar nicht. Zudem steht es um die Finanzen der Familie immer schlechter; Kammerpräsident von Kalb verliert einen Erbschaftsprozess nach dem anderen, verschuldet sich hoch bei zweifelhaften Projekten und unehrlichen Geschäften. Charlotte und ihre Schwester müssen ein Gut nach dem anderen verkaufen, um wenigstens die Löcher zu stopfen. Bald lebt man auf Charlottes Besitz Waltershausen in äußerst bedrängten Verhältnissen; Frau von Kalb sieht sich gezwungen, die ländliche Hausfrau und Gutsbesitzerin zu spielen und langweilt sich entsetzlich. Lediglich als Hölderlin, von Schiller empfohlen, mit dem Charlotte wieder korrespondiert – für kurze Zeit als Hofmeister nach Waltershausen kommt, hat sie etwas Abwechslung. Den neuen Lehrer für ihren schwierigen Sohn Fritz hat Charlotte hinter dem Rücken ihres Mannes engagiert, denn sie war mit dem von ihm angestellten Pädagogen nicht zufrieden. Sie erwartet allerdings dann auch Wunder von Hölderlin, der Ende 1793 eintrifft und eine peinliche Begrüßung erlebt: die Herrin des Hauses ist verreist, der Herr des Hauses nur halb informiert und sein Vorgänger noch völlig ahnungslos im Amt. Charlotte trifft erst im März 1794 auf Schloss Waltershausen ein.

Hölderlin fühlt sich nicht wohl im Kreise der Kalbschen Familie, die Atmosphäre ist verkrampft, gespannt, Herr von Kalb an allen geistigen Dingen völlig desinteressiert, der Zögling Fritz bösartig, dumm und kaum zu bändigen. Nur die Liebe zu Charlottes Haushälterin, einer zwanzigjährigen Witwe, die sehr wahrscheinlich nach seiner Abreise – ohne sein Wissen – ein Kind von ihm bekommt, das nicht lange lebt, tröstet Hölderlin über seine Einsamkeit hinweg.

Mit Charlotte wird er nicht warm, Herzlichkeit kommt nicht auf; in Briefen an Freunde äußert sich Hölderlin stets lobend über Frau von Kalb, ihren Geist, ihren edlen Charakter, ihre Vornehmheit, aber er scheint sie bewusst auf Distanz gehalten zu haben, wohl ahnend, dass eine nähere Verbindung mit ihr für beide Teile eine höchst unglückliche werden müsste.

Es wird für Hölderlin immer schwerer, mit seinem Schüler Fritz auszukommen. Der Junge gilt als gefährlich-verschlagen und obendrein noch als völlig verdorben, weil er häufig dabei ertappt wird, wie er sich selbst befriedigt. Auf Veranlassung der Eltern musste Hölderlin deshalb seinen Schüler rund um die Uhr bewachen, denn man befürchtete zur damaligen Zeit, das Laster der Onanie könne zur Verblödung, ja sogar zum Tode führen. Das unwürdige Schüler-Lehrer-Verhältnis schürt auf beiden Seiten die Aggressionen.

Hölderlin leidet so sehr, dass Charlotte von Kalb ihn aus Mitleid entlässt, seiner Mutter einen beruhigenden Brief schreibt und dem jungen Mann noch den Lohn für ein Vierteljahr auszahlt.

Immer wieder flieht Charlotte nach Weimar, um ihren Mann, ihre Kinder, ihre häusliche Misere hinter sich zu lassen, um reden zu können, um geistige Anregung und auch Schmeicheleien zu erfahren. Der wichtigste Mensch in der kleinen Residenzstadt war ihr Goethe, den sie ledenschaftlich verehrte, den sie liebte. Er ließ sich ihre Anbetung lediglich gefallen, schickte ihr seine Werke, bat sie um ihr Urteil, um ihre Kritik, ihre Gefühle erwiderte er nicht. Auch Goethe war kein Freund von anstrengenden, anspruchsvollen Frauen – die zehn Jahre mit Charlotte von Stein hatten gereicht.

Ein anderer Dichter, mit dem Charlotte von Kalb seit Anfang 1796 in Briefwechsel stand, ist da schon empfänglicher für ihre Liebesbeteuerungen, Friedrich Richter, der sich als Schriftsteller Jean Paul nennt. Charlotte hatte ihm so begeisterte Briefe über seine Werke geschrieben, daß er, in seiner Eitelkeit geschmeichelt, nach Weimar fährt, um seine Verehrerin kennenzulernen. Am 11. Juni 1796 steht er vor ihr; über die erste Begegnung berichtet er einem Freund: »*Ich hatte mir im Billet eine einsame Minute zur ersten ausbedungen, ein Coeur à Coeur (tête a tête). Sie hat zwei große Dinge, große Augen, wie ich noch keine sah, und eine große Seele. Sie spricht gerade so, wie Herder in den Briefen der Humanität schreibt. Sie ist stark, voll, auch das Gesicht – ich will sie Dir schon schildern. ¾ der Zeit brachte sie mit Lachen hin – dessen Hälfte aber nur Nervenschwäche ist – und ¼ mit Ernst, wobei sie die großen, fast ganz zugesunknen Augenlider himmlisch in die Höhe hebt, wie wenn Wolken den Mond wechselweise verhüllen und entblößen ... ‚Sie sind ein sonderbarer Mensch', das sagte sie mir dreißigmal. Ach, hier sind Weiber! Auch habe ich sie alle zum Freunde, der ganze Hof bis zum Herzog lieset mich.«*

Wieder kann Charlotte einem jungen Dichter Weimar zeigen, ihn in die Gesellschaft einführen. Sie genießt die Nähe des Mannes, der so offensichtlich von ihr beeindruckt ist, und bemerkt nicht, dass sie hauptsächlich seiner stark ausgeprägten Eigenliebe schmeichelt. Und sie erzählt ihm, besser beichtet ihm ihr ganzes Leben. *«Sie ist ein Weib wie keines, mit einem allmächtigen Herzen, mit einem Felsen-Ich«*, schreibt Jean Paul, der sie mit der Neugier des Dichters betrachtet und der ihre intimen Briefe, die ihm interessant sind, sofort einem Freund zum Studium schickt.

Anfang Juli 1796 verlässt Jean Paul Weimar, und Charlotte hat sich wieder einmal verliebt, verzehrt sich in Sehnsucht, was sie aber nicht daran hindert, seine Werke, die er ihr schickt, scharf zu kritisieren, wenn sie sie tadelnswert findet.

Sie empört sich vor allem über seine Darstellung der Frauen, seine Vorstellung von Weiblichkeit, seine gönnerhafte Geringschätzung.

Scharf und unerbittlich teilt sie ihm immer wieder mit, er habe keine Ahnung von Frauen, und sie dulde es nicht, herabgesetzt zu werden. Als er in der Erzählung „Die Mondfinsternis" eine Hymne auf die Keuschheit singt und tugendhaften Mädchen die Religion als Schutz vor Verführung empfiehlt, schreibt sie ihm wütend und voller Spott: »*Das Ködern mit dem Verführen! Ach, ich bitte, verschonen Sie die armen Dinger und ängstigen Sie ihr Herz und ihr Gewissen nicht noch mehr! Die Natur ist schon genug gesteinigt ... Ich verstehe diese Tugend nicht und kann um ihretwillen keinen heiligsprechen ... keinen Zwang soll das Geschöpf dulden, aber auch keine ungerechte Resignation. Immer lasse der kühnen, kräftigen, reifen, ihrer Kraft sich bewussten und ihre Kraft brauchenden Menschheit ihren Willen; aber die Menschheit und unser Geschlecht ist elend und jämmerlich! Alle unsere Gesetze sind Folgen der elendesten Armseligkeit und Bedürfnisse, selten der Klugheit. Liebe bedürfte keines Gesetzes. Die Natur will, daß wir Mütter werden sollen; – vielleicht nur, damit wir, wie einige meinen, Euer Geschlecht fortpflanzen! Dazu dürfen wir nicht warten, bis ein Seraph kommt – sonst ginge die Welt unter. Und was sind unsere stillen, armen, gottesfürchtigen Ehen? – Ich sage mit Goethe und mehr als Goethe: unter Millionen ist nicht einer, der nicht in der Umarmung die Braut bestiehlt.«*

Jean Paul hat die Diskussionen, den Streit mit Charlotte als anregend empfunden, sie für sein Werk (besonders für den „Titan") benutzt, seine Meinung über die Frauen nicht geändert.

Trotz all dieser Unstimmigkeiten zeigt sich Charlotte von Jean Paul so fasziniert, dass sie sich wieder einmal von ihrem ungeliebten Mann scheiden lassen will, um einen Dichter zu heiraten.

Als Jean Paul sie im Dezember 1798 wieder in Weimar besucht, macht Charlotte von Kalb ihm einen Heiratsantrag – er lehnt ab und schreibt einem Freund: »*Durch meinen bisherigen Nachsommer wehen jetzt die Leidenschaften. Jene Frau – künftig heiße sie die Titanide, weil ich dem Zufall nicht traue – die von Weimar zuerst nach Hof an mich schrieb, die ich Dir bei meinem ersten Hiersein als eine Titanide malte, mit der ich, wie Du weißt, einmal eine Szene hatte, wo ich im Pulvermagazin Tabak rauchte; diese ist seit einigen Wochen vom Lande zurück, und will mich heiraten und sich scheiden ... Kurz nach einem Souper bei Herder ... sagte sie es mir geradezu ... Meine moralischen Einwürfe gegen die Scheidung wurden durch die 10jährige Entfernung des Mannes widerlegt ... Ich sagte der hohen heißen Seele einige Tage darauf Nein! (...) Ich habe endlich Festigkeit des Herzens gelernt – ich bin ganz schuldos – ich sehe die hohe genialische Liebe (...) aber es passet nicht zu meinen Träumen.*«

Auch Jean Paul heiratet wenig später eine sanfte, wenig gebildete, ihn bewundernde junge Frau. Sein Biograf Günter de Bruyn meint dazu: »*So rührend Goethes Verbindung (nicht mit der Frau von Stein, sondern) mit dem ‚Mädchen aus dem Volk', Christiane, auch ist, so bezeichnend ist sie auch.*

Friedrich Richter ist darin keine Ausnahme. Alle seine Freunde (...) sind glühende Bewunderer des Schriftstellers Jean Paul, und seine ‚Christiane' wird Karoline Mayer heißen und nicht Charlotte von Kalb. Nicht weil Karoline, wie gerührte Biographen bemerken, ein schlichtes Bürgermädchen ist, läßt seine Brautwahl zu ihren Gunsten ausgehen, sondern weil sie den Grad der Emanzipation Charlottes (...) nicht hat und damit auch nicht ihre Kritikfähigkeit.

‚Eine Frau, die ein vorzügliches Wesen ist, macht mich nicht glücklich', hat Schiller mit seltener Offenheit im Hinblick auf dieselbe Charlotte von Kalb einmal geschrieben. Das hätte auch Jean Paul sagen können oder mancher andere Mann. Denn nicht nur Dichtern fällt es schwer, eine Frau zu haben, die auch im Alltag die Hochleistungen von einem verlangt, die man der Öffentlichkeit bietet.«

Mit siebenunddreißig Jahren sieht Charlotte von Kalb ihren letzten großen Ausbruchsversuch gescheitert. Sie verlässt Weimar, zieht wieder zu ihrem Mann nach Kalbsrieth und ihre ehemalige Wohnung in der Windischengasse übernehmen Schillers.

Charlottes Verhältnis zu ihrem Mann hat sich beruhigt, seit der Geburt des letzten Sohnes August, 1794, gibt es keine sexuellen Beziehungen mehr zwischen ihnen; Heinrich von Kalb hat andere Freundinnen, das gemeinsame Leben des Ehepaars könnte fast freundschaftlich verlaufen, wenn Heinrich nicht die drei Kinder, die er mit der Tochter des Dorfschullehrers hat, aufs Schloss holte und sie dort erziehen ließe – dieses Verhalten verletzt Charlotte sehr.

Von fern bemüht sich Charlotte, das Schicksal ihres ehemaligen Hauslehrers Hölderlin zu lenken, der durch seinen Geisteszustand Mutter und Freunde beunruhigt. Frau von Kalb versucht, ihm nach dem Tod seiner Geliebten Susette Gontard mit Hilfe ihrer vielfältigen Verbindungen eine einträgliche und ruhige Stellung zu verschaffen. Auch Charlotte denkt daran, muss daran denken, Geld zu verdienen, denn spätestens 1800 ist klar, dass sie vor den kläglichen Resten ihres einstigen Vermögens steht – ihr Schwager, der Kammerpräsent von Kalb, hat ganze Arbeit geleistet.

Zunächst plant sie, ein Mädchenpensionat zu gründen und selbst zu unterrichten. Schiller rät dringend ab, und auch Jean Paul, den sie 1802 in Meiningen besucht, redet ihr die Idee aus – Charlotte ist keine Pädagogin.

Das Wiedersehen mit Jean Paul verläuft für Charlotte schmerzlich, er behandelt sie kalt und herablassend, sein allzu bürgerliches, junges Eheglück quält sie; doch sie wird ihm bis 1821 regelmäßig schreiben, obwohl schon recht bald nur noch seine Frau antwortet.

1804 tritt Fritz, der älteste Sohn, in die Armee ein, August bleibt mit seinen unehelichen Geschwistern beim Vater, Charlotte zieht mit Edda nach Berlin, um dort – aufgrund ihrer vielen Bekanntschaften – Geld zu verdienen. Obwohl sie nur kurz bleiben will, wird sie über achtunddreißig Jahre in der preußischen Hauptstadt wohnen, die ganze Zeit über in äußerst dürftigen Verhältnissen. Über Geld, um an den kulturellen Veranstaltungen teilnehmen zu können, wird sie fast nie verfügen.

Ein wenig bessert sich die Lage, als Edda Hofdame wird; ab 1820 lebt Charlotte dann in der Dienstwohnung ihrer Tochter im Schloß – eine besondere Gnade der Prinzessin, die Edda betreut.

Charlotte von Kalb bemüht sich, trotz ihrer Augenschwäche mit Sticken Geld zu verdienen oder mit dem Schreiben schlechter Romane (u. a. „Corinna"). Alles schlägt fehl. Sie altert schnell, sieht alle ihre Freunde sterben, leidet unter dem gespannten Verhältnis zu ihrer Tochter, die der Mutter ihr verpfuschtes Leben vorwirft. Das Zusammenleben auf engstem Raum fördert die gegenseitigen Aggressionen.

1806 erschießt sich Heinrich von Kalb in München aus Schmerz über das Schicksal seines Bruders, des Kammerpräsidenten, der ins Schuldgefängnis kommt. Der Abschiedsbrief erwähnt seine Frau, Charlotte von Kalb, mit keiner Silbe.

Sie trauert nicht um ihren Mann, zeigt sich aber schuldbewußt: »*Ob zwar schon oft der Besitz unseres Vermögens gesichert schien, so sind doch alle Bemühungen wieder zusammengestürzt und vernichtet worden. Und in solchem Sturm eines widerwärtigen Daseins, wo äußeres Unglück sich häufte, verließ der Obrist von Kalb diese Welt! Er, der ein so bittres Los finden mußte, durch mich!*«

In Berlin hatte Charlotte wenige Freunde, nur Fichte und seine Frau luden sie immer wieder zum Essen ein. Der reizbare Philosoph war erstaunlich tolerant gegenüber der launischen, oft überempfindlichen Frau, die an ihrer Lebensenttäuschung litt.

Als der jüngste Sohn August 1812 zum Studium nach Berlin kommt, ist er Charlotte völlig entfremdet. Schon bald setzt er den aussichtslosen Kampf um das Familienerbe fort, ebenso erfolglos wie Vater und Onkel; 1825 erschießt er sich. »*Mein lieber guter August, schmerzlich hat er so früh des Lebens Bitterkeit geschmeckt; allein ich denke es, er hatte den Mut ..., den bittern Kelch zurückzustoßen, den er das Leben hindurch hätte leeren müssen.*«

Die ältere Charlotte zeigt noch einmal Aktivität, als sie 1816, mit fünfundfünfzig Jahren, eine lange Reise antritt, um ihre Schwester Eleonore wiederzusehen und die Stätten ihrer Kindheit. Alle ängstlichen Einwände von Freunden und Verwandten nützen nichts. Fast drei Jahre ist sie unterwegs, macht auch eine kurze Zwischenstation in Weimar und kehrt gegen Ende 1819 nach Berlin zurück.

Das Verhältnis zur Tochter verschlechtert sich immer mehr, zur Tochter, die ihrem Traum nicht entspricht, ihr nicht anmutig genug erscheint, die sie nicht kennt. Edda verbirgt sich vor der anstrengenden Mutter, der sie sich aufopfert, wie es die gesellschaftliche Konvention verlangt. Sie lebt erst auf, als Charlotte stirbt. Freigeworden, unternimmt sie ausgedehnte Reisen, kommt bis nach Italien und erlebt als über Sechzigjährige noch eine glückliche Altersliebe.

Die letzten Jahre sind für Charlotte von Kalb nur noch ein Dahinvegetieren, ein Warten auf den Tod, der dann 1843 eintritt, ein Leben in bittern Erinnerungen.

Von Anfang an war sie begleitet von Unglück und Elend, nichts ist ihr letztlich gelungen, sie hat dennoch immer wieder versucht, ihr Leben zu leben und ihren Anspruch auf Glück und Erfüllung zu verwirklichen.

Doch immer wieder ist sie gescheitert, weil sie keine Kompromisse machte, sich nicht anpasste, hohe Ansprüche stellte (auch an sich selbst), und letztlich jeden, auch sich selbst, überforderte.

Zum Schluss blieb nur die bittere Wahrheit: Alle Chancen waren vertan, alle Pläne zerschlagen, alle Hoffnungen zerstört, keine Möglichkeit voll ausgeschöpft. Immer wieder war sie daran gehindert worden, sich zu leben, weil man ängstlich vor ihren Ansprüchen zurückwich oder auf diese keine Rücksicht nahm, will sie dem Bild der Frau nicht entsprach, das sich die Gesellschaft ihrer Zeit geschaffen hatte.

Eine Titanide war vortrefflich in einem Roman, im Leben dagegen ganz und gar unmöglich, zum Scheitern verurteilt. Charlotte von Kalb schrieb einmal an Goethe: »Mich dünkt, das ganze Leben eines Weibes ist mit nichts erfüllt, als stets den Schutt wegzuräumen, der von den Decken unserer großen moralischen, kirchlichen und Polizei-Gebäude über sie fällt und zu ersticken sucht.«

Johanna Schopenhauer
(1766 – 1838)

Adele Schopenhauer
(1797 – 1849)

Johanna und Adele Schopenhauer

»*Adele Schopenhauer (...) versank in tiefem Knicks, aus dem Charlotte, die ihr die Hand bot, sie freundlich emporhob. Die junge Dame, Anfang zwanzig nach Charlottens Schätzung, war recht unschönen, aber intelligenten Ansehens, – ja, schon die Art, wie sie vom ersten Augenblick an und dann immerfort das doch unverkennbare Schielen ihrer gelb-grünen Augen, teils durch häufigen Lidschlag, teils durch hurtiges Umher- und namentlich Emporblicken, zu verbergen suchte, erweckte den Eindruck einer nervösen Intelligenz, und ein zwar breiter und schmaler, aber klug lächelnder und sichtlich in gebildeter Rede geübter Mund, konnte die hängende Länge der Nase, den ebenfalls zu langen Hals, die betrüblich abstehenden Ohren übersehen lassen (...). Die Gestalt des Mädchens war dürftig. Ein weißer, aber flacher Busen verlor sich in dem kurzärmeligen Batist-Mieder, das in offener Krause um die mageren Schultern und den Nacken stand. Durchbrochene Halbhandschuhe, am Ende der dünnen Arme, ließen ebenfalls dürre, rötliche Finger mit weißen Nägeln frei. (...)*

Sogleich begann sie zu sprechen, schnell, tadellos, ohne Pause zwischen den Sätzen und mit der Gewandtheit, deren Charlotte sich gleich von ihrem gescheiten Munde versehen hatte. Er wässerte etwas dabei, sodaß es mit der fließenden, leicht sächsisch gefärbten Rede tatsächlich wie geschmiert ging (...)« – so führte Thomas Mann in seinem Roman „Lotte in Weimar" Demoiselle Adele Schopenhauer ein, die im Hotel „Zum Elefanten" der mittlerweile dreiundsechzigjährigen Charlotte Kestner, geb. Buff, „Werthers Lotte", ihre Aufwartung macht. Dabei bedient er sich der – schon bei den meisten Zeitgenossen üblichen – Etikettierung Adeles: hässlich, aber gescheit.

Levin Schücking, der Adele bei Annette von Droste-Hülshoff kennenlernt, berichtet, sie habe eine große, knochige Gestalt, einen apfelrunden, ungewöhnlich hässlichen Kopf, aber »*ernste, treue Frauenaugen*«, ihr Charakter sei »*von seltener, anspruchsloser Tüchtigkeit*« und ihre Bildung »*von ganz ungewöhnlicher Gründlichkeit und überraschendem Umfang*«.

Doch hat immerhin ein so verwöhnter Frauenkenner wie Fürst Pückler-Muskau im Jahr 1818 nach einer Begegnung mit der damals einundzwanzigjährigen Adele Schopenhauer geschrieben: »*Diese Unbefangenheit des Gemütes, diese Naivität bei so – ich möchte sagen – fast schauerlicher Tiefe, diese natürliche Gewandtheit im Umgange bei der Einbildungskraft, diese stille Herrschaft über sich selbst bei der bewunderungswürdigen Leichtigkeit, sich jedes Talent zu eigen zu machen und bei so viel Anlässen zur Eitelkeit – bilden ein Ganzes, dem wenig Mädchen unserer Zeit gleichen werden. Was mich angeht, kann ich nicht mehr über sie sagen, als daß ich wünschte, meine Frau möchte ihr treues Ebenbild sein; – ihr Äußeres gefällt mir, ihr Inneres ist eine schöne Schöpfung der Natur.*«

Adele Schopenhauer, geboren am 12. oder 14. Juni 1797 in Hamburg, gestorben am 25. August 1849 in Bonn, eine begabte, sensible, gescheite Frau, musste zeitlebens daran leiden, Tochter und Schwester zu sein – Tochter der ebenso begabten, doch auch sehr egozentrischen, eitlen, herrischen Johanna Schopenhauer und Schwester des schwierigen, misanthropischen, reizbaren Philosophen Arthur Schopenhauer. Viele Jahre ihres Lebens hat Adele damit verbracht, zwischen den beiden zu stehen, zwischen den beiden zu vermitteln, und sie drohte häufig, von Mutter und Bruder aufgerieben zu werden.

1806, als Neunjährige, kam Adele mit ihrer Mutter nach Weimar. Johanna, gebürtig aus Danzig, hatte nach dem Tod ihres zwanzig Jahre älteren Mannes Heinrich Floris Schopenhauer die Hansestadt

Hamburg, wo sie bald nach ihrer Verheiratung lebte, verlassen, um in der kleinen thüringischen Residenzstadt den Geistesgrößen ihrer Zeit, besonders Goethe, nahe zu sein.

Bereits Ende Juli 1807 konnte einer der vielen goethesüchtigen Weimarbesucher an einen Freund in Danzig schreiben: »*Einen ... gesellschaftlichen Berührungspunkt hat mir eine Landsmännin von Dir, eine hier lebende Hofrätin von Schopenhauer gegeben (...). Ihr Haus ist das einzige, was Goethe besucht und wo man ihn ganz Goethe findet. Im Winter ist er und noch einige Weimaraner ... alle Abende des Donnerstags und Sonntags bei ihr, wo er zum Entzücken liebenswürdig sein soll.*«

Nun, die Faszination des Salons der Dame Schopenhauer, die der beglückte Briefschreiber hier kurzerhand nobilitiert – immerhin fühlt sich ein Goethe bei ihr augenscheinlich wohl – hielt an. Zwei Jahre später berichtete Wilhelm von Humboldt verdrossen seiner Frau, dass ihm die Schopenhauer »*durch Figur, Stimme und affektiertes Wesen fatal*« wäre – »*aber Goethe versäumt keinen ihrer Tees, die sie zweimal alle Woche gibt*«.

Dreiundzwanzig Jahre hat Johanna Schopenhauer in Weimar gelebt. In der kleinen Stadt an der Ilm, in der Nähe Goethes, im – nach damals wohl einhelliger Meinung – geistigen Zentrum Deutschlands hat sich die aufgeschlossene, interessierte, gesellschaftlich gewandte und belesene Kaufmannswitwe sehr wohlgefühlt, dort konnte sie auf ihre Art „Hof halten" und ihre Repräsentationstalente voll entfalten.

Dass sie Goethes Zuneigung fast ‚im Sturm' gewann, geschah durch einen günstigen Zufall. Wenige Monate nach Johannas Ankunft in Weimar, im Oktober 1806, hatte der Dichter seine langjährige Geliebte Christiane Vulpius geheiratet und sah sich gezwungen, seine Ehefrau in die Gesellschaft einzuführen. Doch wo fand sich der passende Rahmen für dieses Unterfangen? Herzogin Luise nahm ostentativ von der Eheschließung keinerlei Notiz, Charlotte von Schiller war viel zu bigott und hatte sich stets geweigert, von Christiane auch nur zu sprechen, und Charlotte von Stein, die ehemalige Herzensfreundin, kam aufgrund ihrer gemeinsamen Vergangenheit als Gastgeberin nun gar nicht in Betracht. Die bürgerliche, unabhängige, für Goethe schwärmende Johanna Schopenhauer aber zeigte keine konventionellen Vorurteile. Ihrem Sohn Arthur berichtete sie am 24. Oktober 1806: »*Goethe hat sich Sonntag mit seiner alten geliebten Vulpius, der Mutter seines Sohnes, trauen lassen. Er hat gesagt, in Friedenszeiten könne man die Gesetze wohl vorbeigehen, in Zeiten, wie die unsern, müsse man sie ehren. Den Tag drauf schickte er Dr. Riemer, den Hofmeister seines Sohnes, zu mir, um zu hören, wie es mir ginge; denselben Abend ließ er sich bei mir melden und stellte mir seine Frau vor.*

Ich empfing sie, als ob ich nicht wüßte, wer sie vorher gewesen wäre. Ich denke, wenn Goethe ihr seinen Namen gibt, können wir ihr wohl eine Tasse Tee geben. Ich sah deutlich, wie sehr mein Benehmen ihn freute. Es waren noch einige Damen bei mir, die erst formell und steif waren und hernach meinem Beispiel folgten. Goethe blieb fast zwei Stunden und war so gesprächig und freundlich, wie man ihn seit Jahren nicht gesehen hat.

Er hat sie noch zu niemand als zu mir in Person geführt. Als Fremden und Großstädterin traut er mir zu, daß ich die Frau so nehmen werde, als sie genommen werden muß. Sie war in der Tat sehr verlegen, aber ich half ihr bald durch. In meiner Lage und bei dem Ansehen und der Liebe, die ich mir hier in kurzer Zeit erworben habe, kann ich ihr das gesellschaftliche Leben sehr erleichtern.

Goethe wünscht es und hat Vertrauen zu mir, und ich werde es gewiß verdienen. Morgen will ich meine Gegenvisite machen.«

Johanna Schopenhauer hat sich auch weiterhin um Christiane gekümmert, so dass diese im Dezember 1808 ihrem Sohn stolz vermelden konnte, sie säße nun im Theater nicht mehr auf ihrer „alten Bank", sondern »*in der Loge neben der Schopenhauern. Du kannst also aus diesem Brief ersehen, daß meine jetzige Existenz ganz anders als sonst ist.*«

Goethe hat Johanna Schopenhauer ihr freundliches Betragen Christiane gegenüber nie vergessen, er besuchte regelmäßig ihren Zirkel und verlieh ihm den nötigen Glanz; am 13. November 1806 war der „erste Abend": »*Wir trinken Tee, plaudern; neue Journale, Zeichnungen, Musikalien werden herbeigeschafft, besehen, belacht, gerühmt, wie es kommt. Alle, die was Neues haben, bringen es mit (...) Goethe sitzt an seinem Tischchen, zeichnet und spricht. Die junge Welt musiziert im Nebenzimmer; wer nicht Lust hat, hört nicht hin. So wird's neune, und alles geht auseinander und nimmt sich vor, nächstens wiederzukommen.*«

Jahrelang finden diese – äußerlich sehr anspruchslosen – Abende bei Johanna statt, und jahrelang ist Goethe ihr Gast – Anziehungspunkt für all die andern. Zwar spötteln bald einige Weimarer über die langweiligen „Repäsentationstees" der »*geschwätzigen Madame Schopenhauer*«, machen sich auch über ihre stetig zunehmende Leibesfülle lustig, doch aus ihren hämischen Bemerkungen spürt man den Neid. Denn nicht zu jedem war Goethe so durchgehend freundlich wie zu Johanna, und in kaum einer Gesellschaft zeigte er sich so entspannt.

Der Schriftsteller Johann Diederich Gries, der in Jena lebte und – wenn auch nicht sehr eng – zum Kreis um Goethe gehörte, versuchte Johanna objektiv zu beurteilen. Von einem Freund hatte er viel Spott über die Neu-Weimarerin erfahren, und er antwortete: »*Ich verkenne ihre Schwächen ganz und gar nicht; bei allem dem ist sie eine der geistreichsten Frauen, die ich kenne. Ihr Urteil ist (wenn sich kein eigenes Interesse in's Spiel mischt) gewöhnlich sehr scharf und richtig. Ihre Darstellungsgabe ist wirklich bewundernswert. (...) Ihre gründliche Kenntnis der französischen, englischen und italienischen Sprache, ihre großen Reisen, ihre Leichtfertigkeit in der Unterhaltung, ihr freilich mitunter etwas scharfer Witz, machen den Umgang mit ihr, wenigstens für mich, sehr anziehend (...) ihre Aufopferung und ihre Gefälligkeit gegen ihre Freunde ist wirklich grenzenlos.«*

Johanna Schopenhauer war eine, für die damaligen Verhältnisse ungewöhnlich gebildete und weltgewandte Frau und eine charmante Gastgeberin. Dass sie gerne im Mittelpunkt stand und eine gewisse Eitelkeit bezüglich ihres gesellschaftlichen Erfolgs entwickelte, kann man ihr kaum verdenken, denn erst in Weimar durfte sie, mittlerweile neununddreißig Jahre alt, selbstständig tun und lassen, was sie wollte und ihre Talente entfalten.

Bis 1805 hatte sie das übliche Leben einer Tochter aus gutem Hause geführt, die sich zunächst dem Vater, dann dem Ehemann unterzuordnen hatte. Am 3. Juli 1766 wurde Johanna in Danzig geboren, ihr Vater, der reiche Kaufmann und Senator Heinrich Trosiener, ließ seine Tochter sorgfältig durch ausgewählte Hauslehrer und auf Privatschulen für Mädchen erziehen. Sie lernte sehr früh schreiben, die englische, französische und polnische Sprache. Für ihre Umgebung war sie bald schon zu gelehrt, die Verwandtschaft befürchtete besorgt, dass da ein „Blaustrumpf" erzogen würde. Doch Johanna zeigte keinerlei Emanzipationsbestreben, blieb fest verhaftet in den Vorstellungen ihrer Zeit, wie sie in ihren Erinnerungen berichtet: »*Ein Mädchen und Englisch lernen! Wozu in aller Welt sollte das ihr nützen? Die Frage wurde täglich von Freunden und Verwandten wiederholt, denn die Sache war damals in Danzig etwas Unerhörtes. Ich fing am Ende an, mich meiner Kenntnis der englischen Sprache zu schämen, und schlug deshalb einige Jahre später es standhaft aus, auch Griechisch zu lernen, so sehr ich es innerlich wünschte (...) Der Widerwille gegen den Gedanken, für ein gelehrtes Frauen-*

zimmer zu gelten, lag schon damals wie eben noch jetzt in meiner jungen Seele (...)«

Und als sie dann laut den Wunsch äußert, Malerin zu werden, muss Johanna erleben, dass sich auch dieses – im Bewusstsein ihrer Familie – für ein anständiges Frauenzimmer nicht schickt. Die im Zeichnen außerordentlich begabte Zwölfjährige sah ein Bild der berühmten Angelika Kauffmann, das sie tief beeindruckte. Sie fragte ihren Lehrer Richard Jameson nach der Künstlerin: »*Sie ist eine noch in Italien lebende, allbewunderte, hochverehrte Malerin, erhielt ich zur Antwort. Eine Malerin, also kann es auch Malerinnen geben? Ich hatte noch nie von einer gehört. Und von neuem überfiel mich die innere ängstliche Unruhe bei dem bloßen Gedanken; immer flüsterte eine leise Stimme mir zu: was andere können, warum solltest du es nicht auch? (...) Lernen will ich; was andere können, kann mir nicht unmöglich bleiben, und eine Malerin, eine zweite Angelika will ich werden; dieser Entschluß stand mit jedem Tage fester in meinem Gemüte (...)«*

Voller Enthusiasmus erzählt Johanna ihrem Vater von ihrem Plan und äußert den Wunsch, eine Malerschule besuchen zu dürfen: »*Die Art, wie diese meine Bitte aufgenommen wurde, war die erste bittere Erfahrung meines Lebens.*

Mein bei aller ihm eignen Heftigkeit dennoch gegen Unerfahrenheit und Unverstand seiner Kinder sonst so nachsichtiger Vater – ich erkannte ihn nicht wieder.

Und noch jetzt, nach mehr als sechzig Jahren, verweile ich ungern bei der Erinnerung, wie unbarmherzig er meinen kindisch-abgeschmackten Einfall, wie er ihn nannte, verlachte.

Spottender Hohn ist viel zu scharf, viel zu schneidend für ein armes, weiches, argloses Kind; er verletzt, er erbittert, statt zu belehren und zu bessern.

Niemand vermag die Tiefe und Dauer der Narben zu ermessen, die er in dem jungen Herzen zurückläßt; das sollten Eltern wohl bedenken.

Meine liebe Mutter suchte zwar nach ihrer gewohnten milden Weise mich zu trösten, indem sie zugleich sich bemühte, das, was auch sie eine kindische Albernheit nannte, mir aus dem Kopf zu bringen, aber sie konnte sich nicht überwinden, den seltsamen Einfall (...) den nächsten Verwandten zu verschweigen. Welch ein Ungewitter brach abermals über mich Arme los! Alle waren empört, daß ein zu ihrer Familie gehörendes Kind auf den erniedrigenden Gedanken hatte verfallen können, gewissermaßen ein Handwerk treiben zu wollen. (...) Und so war ich denn von allen Seiten auf immer und ewig abgewiesen und mußte in mein Schicksal mich ergeben.

Doch der tief in meinem ganzen Wesen eingewurzelte Trieb, das, was sichtlich mich umgab oder auch nur bildlich mir vorschwebte, zu fassen, zu halten und schaffend nachzubilden, ließ sich nicht ausrotten; dreißig Jahre später führte er mich an den Schreibtisch, um mit der Feder auszuführen, was der Geist der Zeit, in der ich geboren ward, mit Griffel und Pinsel zu können mir verweigert hatte.«

Bis zur Schriftstellerin Johanna Schopenhauer war noch ein weiter Weg, zunächst einmal wurde – wie es sich gehörte – geheiratet, und zwar mit achtzehn Jahren den zwanzig Jahre älteren reichen Kaufmann Heinrich Floris Schopenhauer: »... *ich durfte stolz darauf sein, diesem Manne anzugehören, und war es auch. Glühende Liebe heuchelte ich ihm ebensowenig, als er Anspruch darauf machte, aber wir fühlten beide, wie er mit jedem Tage mir werter wurde. An das bedeutende Mißverhältnis zwischen achtunddreißig und achtzehn dachte ich kaum; es konnte keineswegs mir störend auffallen, war doch auch mein Vater fünfzehn Jahre älter als meine Mutter.«*

Am 16. Mai 1785 findet die Hochzeit statt, 1788 wird Sohn Arthur geboren, 1793 zieht die Familie nach Hamburg, wo 1797 die Tochter Adele zur Welt kommt.

Die Ehe verlief recht glücklich – mit gegenseitiger Rücksichtnahme und durch Unterordnung Johannas: »*Mein Mann war unfähig, durch direkte Äußerungen von Eifersüchteleien mir das Leben zu verbittern; wie wenig er bei einem Wesen meiner Art dadurch gewinnen könne, wurde ihm immer deutlicher, je näher er mich kennenlernte (...) Nie erwähnte er die große Verschiedenheit unseres Alters, doch wenn er in jugendlichen Umgebungen mit andern meinesgleichen mich fröhlich umherflattern sah, bemerkte ich wohl, wie diese Erinnerung sich wenig erfreulich ihm aufdrängte. (...)*

Ich fühlte, (...) daß unser beider jetziges und künftiges Glück nur von seiner fortgesetzten Zufriedenheit mit mir abhängig sei, und ehrte und liebte ihn genug, um alles daran zu setzen, mir diese zu erhalten und mit der Zeit ein festes Vertrauen zu gewinnen, ohne deshalb zur Heuchelei und sogenannten kleinen Weiberkünsten mich zu erniedrigen. Ich blieb gegen ihn wahr und offen (...) und befand mich wohl dabei. Und wollte auch zuweilen ein leises Gefühl von Unbehagen oder Mißmut auf mich eindringen, ein Blick auf die wundervolle Szenerie um mich her, und es war verklungen.«

Das Verhalten der Witwe Johanna Schopenhauer legt dann nahe, dass sie sehr viel nachholen zu müssen glaubte. Kurz nach dem Tod ihres Mannes Heinrich Floris Schopenhauer – ein Sturz von der Treppe – Unfall oder Selbstmord? – die Frage wurde nie geklärt, kurz danach zog Johanna mit ihrer Tochter nach Weimar. Der Sohn Arthur befand sich auf Wunsch des Vaters in einer kaufmännischen Ausbildung, an der er sehr litt. Johanna erlaubte ihrem Sohn, die Lehre abzubrechen und sich in Gotha, später in Weimar, mit Privatlehrern auf das Abitur vorzubereiten, damit er das Studium der Philosophie aufnehmen konnte. Zeitweilig wohnte Arthur auch bei seiner

Mutter, aber er nahm Anstoß an ihrem gesellschaftlichen Treiben, an ihrem Hausfreund Müller von Gerstenbergk, an ihrer Koketterie mit anderen Männern und machte ihr bitter-böse Szenen. 1814 kam es zum Bruch. Johanna warf Arthur sein rechthaberisches, menschenverachtendes Wesen vor und befand: »... ich ... weiß, daß wir beide nie in einem Haushalt auf die Dauer leben können.« Johanna mochte sich nicht länger mit einem Sohn zeigen, der ihrer Meinung nach »stets auf dem Richterstuhl« saß.

Das Verhältnis zwischen den beiden hat sich nie mehr so entspannt, dass man liebevoll und mit Verständnis füreinander umging. Johanna interessierte sich nicht für die Arbeit ihres Sohnes, und er verachtete ihre Schriftstellerei. Zu seiner Dissertation „Über die vierfache Wurzel des Satzes vom zureichenden Grunde" bemerkte Johanna spitz: »... das ist wohl etwas für Apotheker«. Arthur erwiderte böse: »Man wird es noch lesen, wenn von deinen Schriften kaum mehr ein Exemplar in einer Rumpelkammer stecken wird.« Johanna behielt das letzte Wort: »Von den deinigen wird die ganze Auflage noch zu haben sein.«

Sie haben beide recht behalten: Johanna war zu ihren Lebzeiten eine gefeierte, äußerst erfolgreiche Schriftstellerin, die heute vergessen ist; Arthurs Werke verkauften sich lange Zeit überhaupt nicht, dafür verbindet heute jeder mit dem Namen Schopenhauer zunächst und vielfach auch allein – den Philosophen.

In Weimar begann Johanna zu schreiben: 1810 erschien die Biographie über ihren Freund, den Bibliothekar und Professor für Ästhetik Karl Ludwig Fernow, dann folgten lebhafte, interessante Berichte über England, Frankreich und die Niederlande, in Erinnerung an die ausgedehnten Reisen mit ihrem Ehemann. 1819 erschien ihr Frauenroman „Gabriele", die sentimentale Geschichte einer entsagungsvollen Liebe. Der Roman wurde auch von Goethe lobend rezensiert und machte Johanna berühmt. Unzählige weitere Erzählungen, Novellen und Reiseberichte erschienen, ihr Werk umfasst vierundzwanzig Bände. Johanna Schopenhauer hatte mit ihren Geschichten großen Erfolg, denn sie schrieb, was das – meist weibliche – Publikum lesen wollte: Liebesgeschichten mit sanft duldenden Frauen, die seufzend ihrem großen Glück nachtrauerten – Wolfgang Menzel nannte diese Romane einmal: „ununterbrochene Opferfeste"; zumeist spielt das Geschehen in verschiedenen Ländern und immer in der gepflegten Atmosphäre von Schlössern, Landhäusern und Salons.

Die Einnahmen als Schriftstellerin erwiesen sich bald als lebensnotwendig, denn 1819 verlor sie, und damit auch ihre Tochter, den größten Teil ihres Geldes durch den Bankrott ihres Vermögensverwalters. Johanna und Adele ließen sich – vorschnell, ängstlich und falsch beraten – auf einen für sie ungünstigen Vergleich ein, Arthur blieb hart und rettete für sich das meiste. Er bot der Mutter an, mit ihr und Adele zu teilen, konnte aber nicht darauf verzichten, seine Hilfe Johanna mit den Worten anzukündigen: »... *obgleich Sie das Andenken des Ehrenmannes, meines Vaters, weder in seinem Sohne noch in seiner Tochter geehrt haben*«, und spielte dabei erneut auf Johannas Freund Müller von Gerstenbergk an. Als Adele den Bruder gegenüber der wütenden Mutter verteidigen wollte, entlud sich der ganze Zorn auf sie. Im Tagebuch Adeles und in Briefen an ihre Freundin Ottilie von Goethe finden sich Berichte über diesen Ausbruch: »*Sie sprach vom Vater in einer Weise, die mir das Herz fast brach, äußerte sich schrecklich gegen Arthur ... Weder Versicherungen noch Zärtlichkeiten wurden gehört; Anerbietungen, ihr den Lumpenrest dessen, was mein ist, feierlich zu verschreiben, um nur von ihr alles zu nehmen und zu bitten, wurden nicht beachtet. ... sie war so außer sich, daß weder Bitten noch Anerbieten meines ganzen Erdenreichtums sie zu einem freundlichen Worte, zur Überzeugung meiner Liebe bringen konnten. Endlich, als sie mich durchaus nicht anhörte, reizte mich das offene Fenster mit unwiderstehlicher Gewalt. Sterben war ein Spiel gegen die Riesenlast des Lebens – aber als ich den entsetzlichen Drang in mir fühlte, gab mir Gott Besinnung und Kraft. Dennoch brachte mich die Härte der Mutter gegen Arthur, ihr Starrsinn, die Unmöglichkeit, sie zu überzeugen, zu einer Verzweiflung, die in lautes Schreien und Weinen ausbrach (...) Alles dahin! Und nicht einmal das Glück erkauft, daß sie mir mild und ruhig traut, daß sie einsieht, daß ich sie liebe. Jahre löschen den Eindruck nicht aus, den Tag habe ich vergessen, die Worte gellen mir noch schmerzend in den Ohren.«*

Adele liebte ihre Mutter, empfand aber auch eine tiefe Zuneigung für ihren Bruder. Johanna wollte Adeles Verteidigung des Bruders nicht anhören, Arthur ihre Anhänglichkeit an die Mutter nicht akzeptieren. Obwohl sie noch einige Zeit – zunächst heimlich – miteinander korrespondierten, wurde die Entfremdung zwischen den Geschwistern immer größer. Arthurs oft zynische, harte Briefe, seine Äußerungen über Johanna, sein Spott über Adeles Harmoniebedürfnis verletzten die Schwester sehr. Ende 1819 schrieb sie enttäuscht an ihren schwierigen Bruder: »*So sehr ich zuweilen die Blutsverwandtschaft zwischen Dir und mir empfinde, wenn Du plötzlich so aus meiner tiefsten Seele heraus denkst, so sehr schmerzt es mich, wenn ich so betrachte, wie Dir doch noch alle Hauptschlüssel zu meinem Wesen fehlen, wie Du sie gleichsam immer aus der Hand fallen lässest, in die ich sie lege.*«

Noch zweimal sehen sich die Geschwister wieder, zum letzten Mal wenige Wochen vor Adeles Tod.

Wie es von einer gehorsamen Tochter jener Zeit erwartet wurde, blieb Adele Schopenhauer bei ihrer Mutter, die seit ihrem Schlaganfall 1823 an einer Lähmung der Füße litt, und sorgte für die immer Reizbarere. Die beiden Frauen zogen 1828 gemeinsam an den Rhein, lebten bis 1837 in Unkel und in Bonn. Hier lernte Adele die Kölner Bankiersgattin und Kunstfreundin Sibylla Mertens-Schaaffhausen kennen. Die unglücklich verheiratete Sybilla und die zutiefst unzufriedene Adele freundeten sich an und waren bald unzertrennlich. Durch Sibylla machte Adele die Bekanntschaft Annettes von Droste-Hülshoff, die auch in Abhängigkeit von einer herrischen Mutter lebte. Die Droste verstand Adeles schwierige Situation, da diese – genau wie sie – unter ihrer Mutter litt und sie dennoch liebte, da auch Adele ihrer Mutter, ähnlich wie Annette, nichts recht machen konnte, sie aber niemals verlassen konnte und wollte.

Die Droste erkennt klar Adeles Fehler, ihre Eitelkeit, ihre Überempfindlichkeit, die sie für ihre Umwelt oft schwer ertragbar machten, aber sie sieht umso klarer die Stärken und die guten Eigenschaften ihrer Freundin. Nachdem Adele Schopenhauer Annette von Droste-Hülshoff im Mai 1840 in Rüschhaus besucht hatte, schreibt die Dichterin an eine Verwandte: »*Hör, Sophie, Du hast ein Gedächtnis wie ein Sieb, sonst hättest Du Dich erinnert, was ich Dir über Adele gesagt: daß jedermann die Mutter lieber hat, Adele vielmehr ganz widerlich gefunden wird, auch widerlich ist, und ich sie sehr lange nicht habe ausstehen können, daß aber, wenn man sie lange und genau beide kennt, der Charakter der Mutter ebenso der Achtung unwert ist als jener der Tochter wirklich ehrwürdig erscheint. Adele ist allerdings eitel und mitunter wirklich lächerlich, aber sie ist nicht imstande, einem Kinde weh zu tun, hat keinen gemeinen Funken und ist der größten Opfer fähig, die sie auch täglich bringt, und zwar ganz ohne Prahlerei ... Das sind doch Eigenschaften, um die man wohl ein bißchen armselige Empfindsamkeit und Eitelkeit übersehen kann ...*«

Und ihrer Schwester Jenny schreibt die Droste ausführlich über die Tochter Adele: »*(sie) ist um vieles liebenswürdiger und bescheidener geworden; sie hat allen eiteln Gedanken den Abschied gegeben, um sich ganz mit ihrer kranken Mutter zu beschäftigen, die ... gar nicht mehr ausgehen kann. Adele beträgt sich musterhaft hierbei, weicht nicht von ihr, schläft fast keine Nacht und gibt ohne Klage nach und nach ihr ganzes Vermögen her, um der Alten alles zu gewähren, was ihr Erleichterung oder Freude geben könnte.*«

Nach dem Tod Johannas im Jahr 1838 waren Adeles finanzielle Ressourcen so weit aufgezehrt, dass sie für den Rest ihres Lebens auf die Unterstützung Sibyllas und auf gelegentliche Darlehen ihrer ältesten Freundin, Ottilie von Goethe, angewiesen war. Zwar schrieb auch Adele Märchen, Romane und Erzählungen – doch mit wesentlich geringerem Erfolg als ihre Mutter. Berühmt waren Adeles kunstvolle Scherenschnitte, von deren Verkauf sie aber nicht hätte leben können.

In Weimar aufgewachsen, war Adele aufgrund ihrer wachen Intelligenz und raschen Auffassungsgabe, im Zusammenleben mit geistreichen Menschen, ein sehr gebildetes und künstlerisch interessiertes Mädchen geworden. Goethe, den sie, so berichtet sie, wie einen Vater liebte, erfreute sich an ihrem Verstand, ihrem klugen Urteil über Literatur und Kunst, an ihrer großen Fähigkeit zur Rezitation. Er nannte sie in seinen Briefen „mein Töchterchen" und „mein liebes Adelchen", berichtet ihr auch nach Bonn von seinem täglichen Leben, vom Befinden ihrer Freundin Ottilie, seiner Schwiegertochter, und schickt ihr hin und wieder kleine Aufmerksamkeiten und Geschenke. Er hat sie immer als seine „schöne, junge Freundin" betrachtet und über ihre lächerlichen Eigenschaften, ihre zum Teil entnervenden Angewohnheiten nie ein Wort verloren.

Vieles, was andere an Adele rügten, lässt sich erklären und verstehen: ihr Leben an der Seite einer dominierenden, anstrengenden, exaltierten Mutter und ihre mangelnde Attraktivität vereitelten eine Heirat, die Adele sich zeitlebens wünschte. Immer wieder verliebte sie sich heftig – und vergeblich. Nur der Freund ihrer Mutter, Müller von Gerstenbergk, macht der gerade Zwanzigjährigen einen ernsthaften Antrag; sie ist zutiefst verletzt, Johanna eifersüchtig. Verzweifelt notiert Adele in ihr Tagebuch: »*Ich bin entschlossen, zu enden und zu heiraten, sobald ich Gelegenheit habe. Meine Mutter soll ihren Freund behalten und mir nie, nie wiederholen, was sie gestern gesagt. Denn obgleich ich jetzt ruhig bin, weiß ich dennoch alles gar wohl, was mir bevorsteht! Ihn heiraten wäre das klügste – ich kann nur nicht ... Gestern, gestern hat man mich auf eine so grausame Art gemartert, daß mir noch die Gedanken vor Angst schwinden, wenn ich daran denke! (...) ich könnte es nicht ertragen, daß ich der Mutter Glück zerstört hätte ...«*

Als reiche Erbin hätte Adele – trotz ihrer äußeren Erscheinung – wohl noch einen Mann finden können, doch mit dem Verlust des Vermögens 1819 war auch diese Hoffnung dahin. Später hat Adele einmal Arthur gestanden, was die Einbuße ihres Vermögens für sie bedeutet hatte: *»Wenige sind wohl so glücklich gewesen, als ich im Leben: das plötzliche Aufhören des Glücks und die Verachtung, die dieses Aufhören mir gegen die liebsten Menschen aufzwang, brachte mich in die Mitte zwischen Wahnsinn und Tod. Ich suchte mir zu helfen und fand Mittel aus, das Leben zu ertragen, ohne Freude, aber doch ohne Klagen, und mein Körper blieb länger krank als meine Seele ... Ich lebe ungern, scheue das Alter, scheue die mir gewiß bestimmte Lebenseinsamkeit. Ich mag nicht heiraten, weil ich schwerlich einen Mann fände, der zu mir paßte. Ich weiß nur einen, den ich heiraten könnte ohne Widerwillen, und der ist verheiratet. Ich bin stark genug, um diese Öde zu ertragen; aber ich wäre der Cholera herzlich dankbar, wenn sie mich ohne heftige Schmerzen der ganzen Historie enthöbe.«*

Zeitweilig spielte Adele dann wohl auch mit dem Gedanken, zum Bruder zu ziehen, der ihr einmal gestanden hatte, sie sei die einzige Frau, die er wirklich – weil ohne Beimischung von Sinnlichkeit – lieben könne. Doch als sie ihm ihr Kommen ankündigt, weist er sie brutal zurück – Arthur kann nicht verzeihen, dass Adele mit der von ihm verhassten Mutter nicht gebrochen hat.

Die wichtigsten Jahre ihres Lebens verbringt Adele als Gesellschafterin und Pflegerin ihrer Mutter, und sie vereinsamt. Bereits als Neunzehnjährige hatte sie in ihr Tagebuch notiert: *»Mein Los hat eine*

Niete, denn ich bleibe krank und allein«, und sie sollte recht behalten. Adele hat zeitlebens gekränkelt, sie blieb allein, sie litt unter tiefen Depressionen und war doch immer wieder stark genug, den nächsten Tag zu ertragen.

Sehr bald schon erschien sie ihren Bekannten als lächerliche alte Jungfer.

Fanny Lewald, die ihr in Rom im Salon der Sibylla Mertens-Schaaffhausen begegnete, zeichnet ein zunächst wenig schmeichelhaftes Bild: »... ich konnte mich weder in ihre Erscheinung, noch in ihre Art und Weise finden.«

Zunächst zeigt sich die Schriftstellerin vom Äußeren ihrer Kollegin entsetzt, von ihr, wie sie schreibt, „auffallenden Unschönheit": »Sie war sehr groß, mager, ungewöhnlich starkknochig und hatte dünnes, gelbliches Haar, das die breite Stirn und die weit vorstehenden Backenknochen kaum notdürftig umgab. Die großen, wasserblauen Augen waren übermäßig gewölbt und traten weit vor den Lidern heraus, und ein breiter, äußerst häßlicher Mund wurde durch die langen Zähne nicht verschönt. Alle ihre Bewegungen waren steif und eckig, und dazu hatten ihre Manieren etwas so seltsam Anspruchsvolles und Gespreiztes, daß ich förmlich Zeit brauchte, mich an diese Geschraubtheit zu gewöhnen.«

Dann stößt sich Fanny Lewald an der schon inquisitorischen Art, in der Adele sie ausfragt, an ihrem feierlich-steifen Betragen, ihrer altjungferlichen Koketterie, doch zusammenfassend lässt sie Adele Schopenhauer Gerechtigkeit widerfahren: »*Ihre Pedanterie, ihre Gespreiztheit und das Darstellen einer Jugendlichkeit, die sehr weit hinter ihr lag, behielten für uns alle immer etwas sehr Abgeschmacktes, aber sie war eine Frau von Geist, hatte viel erlebt, und ich habe während meines ganzen italienischen Reiselebens viel und gern mit ihr verkehrt; sie ist, nachdem wir uns näher hatten kennenlernen, immer freundlich, oft gefällig gegen mich gewesen, und ich habe manch gute Stunde mit ihr zugebracht, nachdem ich gelernt hatte, ihre Wunderlichkeiten mit in den Kauf zu nehmen, was eben nicht schwer war.«*

Die glücklichste Zeit ihres Lebens – mit Ausnahme ihrer Kindheit in Weimar – hat Adele Schopenhauer sicherlich mit Sibylla Mertens-Schaaffhausen verbracht. Kurz nach der ersten Begegnung der beiden Frauen schreibt Adele an Ottilie von Goethe im April und Mai 1828: »*Ich habe wieder eine menschliche weiche Neigung in meinem von Kummer versteinten Herzen – zu einer Frau, die im Wesen Dir und mir gleicht, doch verschieden von beiden etwa zwischen uns zu stellen ist. (...) Du begreifst, daß die Mertens eine Tiefe und Reinheit der Gefühle der Freundschaft hat, die selten sind (...) sie ist noch nie eine Minute kleinlich mir erschienen. Auch schwärmt sie nicht, menschlich und natürlich liebt sie mich mit meinen Fehlern, tadelt und lobt mich; aber ich sah sie die fürchterlichsten Schmerzen im Kopf bekommen (...) – weil ich sehr heftige Herzweh hatte, die nicht krampfhaft waren und ihr gefährlich schienen. Sie lag die ganze Nacht auf meiner Bettdecke und tat kein Auge zu, denn sie bewachte mich, ob ich kränker würde; die zarte, vornehm erzogene Frau stand in der Küche und kochte für mich (...) sie kam in Hitze und Sturm, bei Tag und Nacht (...) Dabei ist sie nicht im mindesten exaltiert ...*«

Sibylla Mertens-Schaaffhausen ist Adeles treueste und wichtigste Freundin gewesen, sie war ihr ruhender Pol. Bei ihr fand Adele immer wieder Zuflucht, ob in Italien oder in Bonn. Als – nach dem Tod Johannas – Adele keine Aufgabe mehr hatte und fast völlig verarmt war, überredete Sibylla die Freundin, Romane und Erzählungen zu schreiben. Adele hatte zuvor nur Verse verfasst und weigerte sich zunächst, da sie ihrer Mutter, deren gesammelte Werke sie herausgab, nicht nacheifern wollte. Doch sanft, aber hartnäckig setzte sich Sibylla durch – das Schreiben war für Adele Therapie und die, wenn auch geringen, Einkünfte stärkten ihr angeschlagenes Selbstbewusstsein.

Obwohl sie im Alter noch einmal kurzzeitig die Hoffnung auf eine Heirat nährt, bleibt Adele letztlich auf Sibylla – auch emotional – angewiesen. Immer wieder kehrt sie aus Jena oder Weimar nach Bonn zurück, um bei der Freundin Ruhe zu finden; von 1844 bis 1846 leben die beiden Frauen zusammen in Rom. Als Sibylla wegen leidiger Erbschaftsstreitigkeiten mit ihren Kindern nach Deutschland reist, verlebt Adele einen einsamen Winter 1847/48 in Florenz und erkrankt schwer. Der Unterleibskrebs, an dem sie seit Jahren litt, brach mit ungeahnter Heftigkeit aus; wegen der kriegerischen Ereignisse in Italien konnte ihr Sibylla nicht zu Hilfe eilen. Im Juli 1849 kam Adele Schopenhauer todkrank nach Bonn, von Sibylla, die sie in Weimar abgeholt hatte, begleitet. In ihren letzten Lebenswochen wird Adele von ihrer Freundin liebevoll umsorgt und gepflegt. Am 25. August 1849 starb Adele Schopenhauer in Bonn. Sibylla Mertens-Schaaffhausen berichtet über die Beerdigung, die an Goethes 100. Geburtstag, am 28. August 1849, stattfand und von ihrer kleinen privaten Totenfeier für Adele: »*Am 29. [August] ließ ich einen großen Wacholderbaum in meinem Garten fällen, und auf dem kleinen Hügel baute ich einen Scheiterhaufen, worauf ich ihre falsche Haarflechte, ihre Öle, Pomaden, Kämme, Schwämme, Essenzen, Räucherwerk, die Rosenbukette, die bei ihrer Leiche gestanden, verbrannte. Zuletzt aus dem Garten Zweige von ihren liebsten Pflanzen und Bäumen, ein paar Trauben, eine Feige und einen Efeuzweig. Die Weinreste aus den Flaschen, woraus man sie in den letzten Tagen gelabt, löschten die Asche, die unter dem Rasen meines Gartens dann begraben wurde. Es war in ihrem Sinne ...*«

Der von Sibylla errichtete Grabstein feiert in italienischer Sprache, zur Erinnerung an die glücklichen Jahre in Rom, die beste Tochter und treue Freundin, die Begabung Adeles und ihre Würde, mit der sie ihr schweres Schicksal und ihre schmerzhafte Krankheit ertragen hatte:

»*Qui riposa*
Luise Adelaide Lavinia Schopenhauer,
vissuta 52 anni
egregia di cuore, d'ingegno, di talento,
ottima figlia,
affettuosa e costante agli amici
Sostenne con nobilissima dignità d'animo
mutamenti di fortuna,
e lunga dolorosa malattia
con pazienza serena,
ebbe fine de' mali al 25 Ag. 1849.
Erse il monumento la sconsolata amica
Sibilla Mertens-Schaaffhausen.«

»*Hier ruht*
Luise Adelaide Lavinia Schopenhauer,
die 52 Jahre gelebt hat,
herausragend an Gefühl, Begabung und Talent;
beste Tochter,
den Freunden zugeneigt und treu.
Sie ertrug Schicksalsschläge
mit edler Geisteshaltung
und eine lange schmerzhafte Krankheit
mit heiterer Geduld.
Das Ende aller Leiden war am 25. August 1849.
Dieses Denkmal errichtete die untröstliche Freundin
Sibilla Mertens-Schaaffhausen.«

Sibylla Mertens-Schaaffhausen
(1797 – 1857)

Sibylla Mertens-Schaaffhausen

»Es war eigentlich nichts Ungewöhnliches in ihrer Erscheinung, aber sie selbst war ungewöhnlich, und das Gewöhnliche wurde an ihr zu einem Besonderen und bildete sie zu einem Besonderen aus. Sie sah nicht aus wie die anderen Frauen, nicht wie alle Welt. (...) eine, über das Mittelmaß große, magere Gestalt. Der schmale, fast fleischlose Kopf war von glattem, dickem und kurz abgeschnittenem Haar umgeben. Der ganze Knochenbau lag zutage, die Backen- und Augenknochen sprangen hervor, die Lippen waren schmal, der Mund nicht klein, das Kinn stark, und doch konnte man von diesem Kopfe den Blick nicht abwenden, wenn man ihn einmal scharf darauf gerichtet hatte. Auf den alten Bildern der niederländischen Schule habe ich solche Frauengestalten gesehen.«

So urteilte die Schriftstellerin Fanny Lewald, als sie der knapp fünfzigjährigen Sibylla Mertens-Schaaffhausen in Rom begegnete und dort als Gast in ihrem Salon weilte.

In Rom verbrachte Sibylla Mertens-Schaaffhausen ihre letzten Lebensjahre, dort starb sie, dort ist sie begraben. Doch geboren in Köln – am 29. Januar 1797 –, hat sie die wichtigsten Jahre ihres Lebens in Bonn verbracht und war eine stadtbekannte Persönlichkeit. Ihr Vater war der begüterte Kölner Bankier Abraham Schaaffhausen, ihre Mutter, eine Winzerstochter aus Honnef, eine überaus schöne Frau, starb wenige Tage nach Sibyllas Geburt.

Im Jahre 1800 heiratete Sibyllas Vater zum zweiten Mal. Seine einundzwanzig Jahre jüngere Frau errang nicht die Liebe Sibyllas, auch die sechs Stiefgeschwister blieben der Tochter aus erster Ehe gleichgültig, weil sie von der Mutter vorgezogen wurden.

Später einmal, als fast vierzigjährige Frau, hat Sibylla über die Stiefmutter in ihr Tagebuch geschrieben, als diese schwer erkrankt war: *»Sie hat mich nie geliebt – ich nicht sie, aber es würde mich tief schmerzen, stürbe sie. Vor 35 Jahren trat sie in des Vaters Haus – unheilbringend mir, aber ihm eine treue, sorgsame Gefährtin; sie hat ihn, den Mann, im ganzen Sinne des Wortes wohl nie verstanden; aber sie hat ihn geachtet und vielleicht – geliebt.«*

Von frühester Jugend an fühlte Sibylla sich von den engsten Verwandten zurückgesetzt und verstoßen. Sie hat ihre Kindheit immer als düster bezeichnet und ihren Hang zur „Lebensverachtung", wie sie es nannte, darauf zurückgeführt. In einem Brief an ihre Freundin Ottilie von Goethe schreibt Sibylla 1835: *»Weil ich so früh durch böses Schicksal und eigenen schroffen Willen isoliert und neutralisiert dastand, lernte ich außer mir Menschen kennen, scharf und klar beurteilen und eben dadurch die Menschen recht innig, recht warm, recht treu lieben! Eben darum tut mir Liebe, wo sie mir entgegentritt, so wohl, weil ich weiß, wie mir alle Milde, die sie hervorrufen soll, fehlt; eben darum kann ich keinen Glauben an ein dauerndes Gefühl gegen mich gewinnen, weil ich weiß, daß ich die Ecken, die verletzen, nicht aus mir entfernen kann.«*

Als Sibylla Mertens-Schaaffhausen dies schreibt, denkt sie nicht mehr nur an ihre unglückliche Kindheit und Jugend, sondern auch an ihre unbefriedigende Ehe und vielleicht an so manche Enttäuschung in Freundschaften, die sie so leidenschaftlich begehrte und pflegte.

Die kleine Sibylla hat zumindest – bis zu ihrer Verheiratung – in ihrem angeschwärmten Vater, dem ihre ganze Zuneigung gehörte, einen Menschen besessen, der ihr liebevoll begegnete.

Abraham Schaaffhausen war wohl ganz vernarrt in seine Älteste und bemühte sich, ihr eine besonders gute Ausbildung zukommen zu lassen, denn sie war ein sehr begabtes Mädchen. Der Vater förderte Sibyllas sprachliche und musikalische Fähigkeiten, und es gelang ihm auch, sie für seine Liebhaberei, die Altertumsforschung, zu begeistern. Er ließ dem Mädchen durch seine Freunde, den Historiker Ferdinand Franz Wallraf und den Kunstsammler Joseph de Noël, Unterricht erteilen. Sibylla lernte die Münz- und Altertumssammlungen ihres Vaters kennen und zeigte sich so lernbegierig, dass sie in ihrem späteren Leben als Spezialistin für römische Münzen und Gemmen anerkannt war und mit vielen Koryphäen auf diesem Gebiet korrespondierte. Sie betrieb ihr Hobby, dem sie sich zunächst wohl nur aus Liebe zum Vater gewidmet hatte, ernsthaft und wissenschaftlich.

Aber der geliebte Vater, den Sibylla ohne die geringste Einschränkung verehrte, legte auch den Grundstein für viele tief unglückliche Jahre seiner Tochter. Auf seinen ausdrücklichen Wunsch hin heiratete Sibylla am 12. Juni 1816 den sechzehn Jahre älteren Louis Mertens, den leitenden Angestellten ihres Vaters, der später die Bank Schaaffhausens übernahm. Mertens war der Mann, der dem Vater Sibyllas für die Tochter am passendsten schien.

Adele Schopenhauer schrieb später ihrer Freundin Ottilie, die mit Goethes Sohn August in einer katastrophalen Ehe lebte: »*Die Mertens hat nie ein Liebesverhältnis gehabt, im neunzehnten Jahre hat man sie verheiratet, ihr Verhältnis zu Mertens gleicht dem Deinen zu August.*«

Es war durchaus üblich, junge Mädchen (zwischen 17 und 21 Jahren) mit wesentlich älteren, bereits arrivierten, sogenannten ‚gestandenen' Männern zu verheiraten; diese Kombination galt geradezu als Glücksgarantie für eine gutbürgerliche Ehe. Das Zusammenleben Sibyllas mit Louis Mertens war jedoch von Anfang an unglücklich. Ihre Charaktere und Interessen waren zu verschieden, und Sibylla war keine sanfte, gefügige Frau, die sich leicht unterordnete, sondern sie hatte ein heftiges Temperament.

Nach Mertens' Tod teilte Annette von Droste-Hülshoff einem Freund mit, sie müsse Sibylla wohl einen Kondolenzbrief schreiben: »... da ich einen in Betracht der Umstände sehr langen Brief von ihr erhalten, wenige Tage, nachdem man ihren Mann, der mir in Bonn schon sehr bedenklich vorkam, auf einer kleinen Geschäftsreise morgens tot im Bette gefunden. Sie ist doch sehr erschüttert, und mit Recht, denn sie haben eine wahre Höllenehe geführt, und die Schuld stand ganz zu gleichen Teilen.«

Louis Mertens scheint seine häufig kränkelnde, sehr empfindsame Frau nicht verstanden zu haben, nicht liebevoll genug mit ihr umgegangen zu sein. Denn die Droste vertraute 1831 ihrer Schwester an: »Ich will nichts Übles von Herrn Mertens sagen, ich sage man nix, als en Ochs und en Esel in einer Person, und en Elefant dazu.« Das lässt nicht gerade die Vorstellung von einem feinfühligen Ehemann aufkommen! Obwohl der Gedanke einer Scheidung erwogen und wohl auch gemeinsam diskutiert wurde, hat sich Sibylla niemals ernsthaft um eine gerichtliche Trennung bemüht – nicht zuletzt aus religiösen Gründen. Der überzeugten Katholikin war die Unauflöslichkeit der Ehe heilig, wie Adele Schopenhauer 1829 einsehen musste: »*Sibylle wird sich nicht scheiden lassen, und ihr Mann, der mich nicht leiden konnte, fängt an, mir sehr gut zu sein, was mir ganz egal ist. Neulich frug mich Sibylle, ob ich wohl, wenn ich einmal allein bliebe, bei ihnen in ihrem Haus wohnen möchte, und ohne eine Sekunde Nachdenken antwortete ich: nein, nie! Mit ihr leben, ist mir ein Glück, aber mit ihm ein Elend ...*«

Nach außen hin verlief die Ehe normal – sechs Kinder kamen in recht kurzen Abständen zur Welt. Sibylla war mit deren Erziehung und dem Haushalt vollauf beschäftigt, und Mertens verbrachte die meiste Zeit in der Bank.

Zudem war man auch häufig über Wochen getrennt, Sibylla lebte gerne auf dem Land, und Mertens hatte ihr ein Gut in Unkel, den Zehnthof, geschenkt. Die räumliche Entfernung bekam der Ehe recht gut – man arrangierte sich eben.

Am 13. Januar 1824 starb Abraham Schaaffhausen im Alter von achtundsechzig Jahren; den Tod des über alles geliebten Vaters hat Sibylla niemals verwinden können – der 13. Januar blieb für sie immer ein persönlicher Trauertag.

Zu ihrem Erbe gehörte auch das Gut Auerhof in Plittersdorf, auf dem sie bis 1844, als sie es verkaufte, häufig wohnte, sich um den Park kümmerte, ihre umfangreichen Besitztümer (u.a. Weinberge) verwaltete, mit ihren Kindern zusammen war und sich ihren Sammlungen von Altertümern widmete.

Und hier empfing sie auch ihre vielen Freunde und illustren Gäste, die sicherlich das gebildete Gespräch mit der Hausfrau schätzten, aber auch die vortreffliche Bewirtung. Als Besucher kamen u.a. Franz Ferdinand Wallraf, Joseph de Noël, Kanonikus Franz Pick, der Erzbischof von Köln, der Musiker Ferdinand Ries, die englische Schriftstellerin Anna Jameson, Johanna Schopenhauer mit ihrer Tochter Adele, die Sybillas engste Freundin werden sollte, und Annette von Droste-Hülshoff.

Die westfälische Dichterin hatte Sybilla Mertens-Schaffhausen bei ihrem ersten Besuch am Rhein 1825 kennengelernt und war da bereits von ihr fasziniert, sie sind sich aber besonders im Januar bis Mai 1831 nahegekommen, als Annette, bei ihrem zweiten Besuch am Rhein, die kranke Freundin wiederum monatelang auf dem Auerhof pflegte.

Neben der Sorge für die Kranke, die seit einer Kopfverletzung unter ständigen Ohnmachtsanfällen und heftiger Übelkeit litt, versorgte die Droste auch den Haushalt, kümmerte sich um die Kinder, arbeitete bis zur Erschöpfung.

Annette schrieb an ihre Mutter und entschuldigte ihr langes Schweigen: »*Was Du von mir denkst, meine liebe alte Mama, das weiß der liebe Gott, aber das weiß ich wohl, daß ich ganz unschuldig bin und in den letzten vier Wochen oft nicht wußte, wo mir der Kopf stand. Ich bin jetzt schon in der 5. Woche bei der Mertens, die sehr gefährlich krank gewesen ist. Ich hab viel Last gehabt, so viel wie in meinem Leben noch nicht. Ich habe die arme Mertens Tag und Nacht verpflegt, fast ganz allein; denn ihrer Kammerjungfer hatte sie gerade zuvor aufgesagt, weil sie trinkt, und konnte sie nun gar nicht mehr um sich leiden, ... ihre beiden ältesten Mädchen sind in der Pension. Adele Schopenhauer immer krank. So war ich die Nächste zu der Sache. Die arme Billchen hat die ersten 14 Tage keine einzige Stunde geschlafen; jetzt ist es viel besser, aber doch stehe ich fast jede Nacht ein oder ein paarmal auf. Dabei habe ich die ganze Haushaltung übernommen und gewiß mehr als 20 Schlüssel täglich zu gebrauchen; zwischendurch muß ich dabei nach den Kindern sehn ... Ich tue das alles herzlich gern und befinde mich wohl dabei, aber müde bin ich oft wie ein Postpferd. (...)*

Die Mertens war so elend, so matt, daß ich dachte, sie wäre in den letzten vierzehn Tagen der Schwindsucht, aber es sind alles nur Krämpfe gewesen. Sie ist jetzt besser. (...) Die Adele ist gekommen, mich abzulösen ... Ach Gott, was habe ich für Angst ausgestanden! Wie Dein letzter lieber Brief kam, war alles so, daß ich keine Minute von ihrem Bette gehen und an kein Schreiben denken konnte. Sie war den ganzen Tag gerade so, daß sie fast gar nicht mehr sprach und 24 Stunden lang nichts aß, weil sie vor Schwäche nicht schlucken konnte. Und doch ist keine Todesgefahr da, wie der Doktor versichert ...«

Annette erweist ihrer Freundin gerne diese Liebesdienste, dann sie ist Sibylla herzlich zugetan. Sie widmet ihr 1834 das Epos „Des Arztes Vermächtnis" und erinnert sich in dem Gedicht „Nach fünfzehn Jahren" an die anstrengenden Wochen – voller Sorge, aber auch voller Freundschaft – auf dem Auerhof in Plittersdorf:

> »Wie hab' ich doch so manche Sommernacht,
> Du düstrer Saal, in deinem Raum verwacht!
> Und du, Balkon, auf dich bin ich getreten,
> Um leise für ein teures Haupt zu beten,
> Wenn hinter mir aus des Gemaches Tiefen,
> Wie Hülfewimmern bange Seufzer riefen,
> Die Odemzüge aus geliebtem Mund;
> Ja, bitter weint' ich – o Erinnerung! –
> Doch trug ich mutig es, denn ich war jung,
> War jung noch und gesund.
>
> Du Bett mit seidnem Franzenhang geziert,
> Wie hab' ich deine Falten oft berührt,
> Mit leiser leiser Hand gehemmt ihr Rauschen,
> Wenn ich mich beugte durch den Spalt zu lauschen,
> Mein Haupt so müde daß es schwamm wie trunken,
> So matt mein Knie daß es zu Grund gesunken!
> Mechanisch löste ich der Zöpfe Bund
> Und sucht' im frischen Trunk Erleichterung;
> Ach, alles trägt man leicht, ist man nur jung,
> Nur jung noch und gesund!«

Die letzte Strophe des Gedichts richtet sich an Sibyllas jüngste Tochter, und es überwiegt die Trauer über zwei gealterte Frauen, die einander fremd geworden sind, trotz all der Freundschaft, die sie einmal füreinander empfunden hatten.

> *»Sie aber, die vor Lustern dich gebar,*
> *Wie du so schön, so frisch und jugendklar,*
> *Sie steht mit einer an des Parkes Ende*
> *Und drückt zum Scheiden ihr die bleichen Hände,*
> *Mit einer, wie du nimmer möchtest denken,*
> *So könne deiner Jugend Flut sich senken;*
> *Sie schaun sich an, du nennst vielleicht es kalt,*
> *Zwei starre Stämme, aber sonder Wank*
> *Und sonder Tränenquell, denn sie sind krank,*
> *Ach, beide krank und alt!«*

Das freundschaftliche Verhältnis Annettes von Droste-Hülshoff zu Sibylla Mertens-Schaaffhausen hielt nicht allzu lange an und kühlte recht schnell merklich ab.

Zur ersten großen Verstimmung kam es, als Sibylla eine Abschrift zweier Epen Annettes, die zum Druck bestimmt waren und kritische Anmerkungen zu den Versen von Adele Schopenhauer und Professor Eduard d'Alton enthielt, so gründlich verlegte, daß man sie nicht mehr wiederfinden konnte (es gibt auch die These, die Mertens habe der Droste das Gutachten d'Altons ersparen wollen, der dringend abriet, die Werke zu drucken). Und obwohl Sibylla der Droste versprochen hatte, sich um die Drucklegung der Gedichte zu kümmern, unternahm sie in dieser Angelegenheit dann gar nichts.

Beleidigt und enttäuscht schrieb Annette im Februar 1835: *»Nur so viel, ich war Dir böse und bin es nicht mehr, denn ich habe mich entschlossen, jenes, was mich kränkte, und zu verschiedenen Zeiten oft und sehr gekränkt hat, in Zukunft als etwas Unabänderliches zu tragen. Ich meine Deine Unfähigkeit, persönliche Mühe für Deine Freunde zu übernehmen, selbst wenn der Erfolg für jene von Wichtigkeit und die Mühe gering wäre. Du kannst wohl nicht zweifeln, daß für dieses Mal von meinen Gedichten die Rede ist. Hättest du nur nicht so enthusiastisch, so überaus dienstwillig geantwortet, und* *hätte ich Dir nur nicht so fest geglaubt und mit so ängstlicher Spannung von einem Posttage zum anderen geharrt, es würde mich weniger geärgert haben, daß so gar nichts geschehen ist, ich würde nicht so allen Mut und Lust verloren haben, je wieder etwas zu unternehmen. (...) Dieses heftige Ergreifen und schnelle Fahrenlassen ist eine stehende Eigenschaft bei Dir, aber nur des Kopfes, vielmehr der Phantasie, keineswegs des Herzens, deshalb kann ich sie Dir übersehen und Dich lieben wie zuvor ... Ich will's nur bekennen, so wenig Du es verdienst, daß ich mich recht herzlich, Dich wiederzusehn, sehne.«*

Endet dieser tadelnde Brief noch versöhnlich, so ist dem Schreiben, das Annette im Oktober desselben Jahres an Professor Christoph Bernhard Schlüter richtet, nur noch Verärgerung anzumerken, denn nun muss die Droste den Verlust ihres Manuskripts beklagen: »*In Bonn bei der Frau Mertens hoffte ich die einzige zugleich leserliche und richtige Abschrift der Gedichte zu finden. Sie werden sich erinnern, daß ich dieselbe schon vor länger als einem Jahre dort hin schickte; es war die zum Druck bestimmte, und sollte nur vorher durchgesehen werden, von dem Professor D´Alton, der Frau Schopenhauer und der Mertens selbst, denn man wird stumpf durch zu öfteres Ueberlesen. Das erste Schreiben der Mertens darüber war entzückter als ich es mit meinen Verdiensten reimen konnte, und seitdem auch keine Silbe weiter. Ich habe mich schon bei Ihnen deshalb beklagt. Was fand ich in Bonn? Nichts! Nämlich die Frau Mertens abgereist nach Italien, wo sie ein rundes Jahr zu bleiben gedenkt; mein Manuscript unsichtbar geworden, entweder mitgenommen oder verliehen oder verlegt; weder ihr Mann, noch ihre Töchter, noch ihre Freunde meinten andres, als daß es seit wenigstens einem halben Jahre wieder in meinen Händen sei. D´Alton sowohl als die Schopenhauer hatten mir ellenlange Briefe geschrieben, vollkommene Abhandlungen; der von D´Alton soll sogar drei Bogen lang gewesen sein, aber alles war der Mertens anvertraut, und sie hat Eins mit dem Andern Gott weiß, wohin gethan.«*

1837 treffen sich Annette von Droste-Hülshoff und Sibylla Mertens-Schaffhausen noch einmal in Bonn, nachdem Sibylla aus Genua, wohin sie aus gesundheitlichen Gründen gereist war, zurückgekehrt ist. Doch die Entfremdung zwischen den beiden ehemaligen Freundinnen ist nicht mehr zu überbrücken. Fast schon gehässig berichtet die Droste ihrer Schwester: »*Die Mertens ist als eine vollkommene Italienerin zurückgekehrt. Man mag sich drehen und wenden wie ein Aal, dem Genua entläuft man nicht, und wenn ich sage: ‚Gib mir ein Butterbrot, ich habe Hunger', so ist die Antwort: ‚Ach! in Genua hatte ich immer weit weniger Appetit als hier.' Ich gehe deshalb weniger hin.*«

Und im September 1837 heißt es knapp und scharf: »*Die Mertens gebe ich Dir gänzlich preis. Sie war zwar wirklich mal angenehm vor 12 Jahren, aber jetzt ist keine Spur mehr davon, und sie kann Dir schwerlich mehr mißfallen, als sie es jetzt mir tut. Wenn Du sie kennenlernst, wird es Dir unmöglich sein, herauszufinden, was so vielen (...) daran hat gefallen können.*«

Die Verstimmung Annettes über die Art, wie mit ihrem Manuskript verfahren wurde, ist verständlich, die Entfremdung der beiden Frauen kann aber unmöglich allein auf dieser unglücklichen Begebenheit beruhen.

Denn auch die Droste hat ihre Freundschaft mit Sibylla voller Hoffnung und Enthusiasmus begonnen; hat der Freundin zuliebe die Bonner und Kölner Verwandten häufig vernachlässigt.

Nach schweren Jahren des Kummers, der Krankheit und Einsamkeit, endlich der Aufsicht der Familie entflohen und dem Münsterland entronnen, trifft Annette von Droste-Hülshoff in Sibylla Mertens-Schaaffhausen eine Frau, die ihre geistigen Interessen teilt, mit der man reden kann, deren Lebhaftigkeit ihr wohltut und die durch Charme zu fesseln vermag.

Annette, die Freundschaft und Wärme sucht, ist fasziniert und stürzt sich geradezu in ihre Beziehung zu Sibylla. Doch im Gegensatz zu Annette, die normalerweise fast abgeschlossen lebt, ist Sibylla Mittelpunkt eines gesellschaftlichen Kreises; die ‚Rheingräfin', wie sie auch genannt wird, genießt Beachtung und Bewunderung, dadurch kann sie ihren Kummer über die unglückliche Ehe mit Louis Mertens kompensieren. Sibyllas Leben ist vorwiegend nach außen gerichtet, Annette dagegen lebt wie in einem Schneckenhaus. So ist Sibylla für die Droste einmalig, doch die „Mertens", wie Annette sie nennt, hat viele ihr wichtige, von ihr hochgeschätzte oder geliebte Bekannte und Freunde, Annette ist nur ein Mitglied ihres Kreises. Sicherlich mag Sibylla das westfälische Fräulein, aber die Droste ist ihr auch eine Zierde ihres Salons, eine willkommene Helferin in Notsituationen. Und Sibylla kann sich nicht fortwährend so auf Annette konzentrieren, wie diese es wohl erwartet, denn noch viele andere erheben Ansprüche auf die Zuneigung der ‚Rheingräfin'.

Mag Annette das Leben der Mertens zunächst geblendet haben und ihr dann – nach der Enttäuschung über das verlorene Manuskript – auch bald als oberflächlich, zerfahren, zu gesellschaftlich erschienen sein, die Unabhängigkeit dieser verheirateten Frau mit sechs Kindern kann die Droste niemals erreichen, dazu fügt sie sich viel zu ängstlich fast allen ihr auferlegten Beschränkungen – und: dazu fehlen ihr auch die notwendigen finanziellen Mittel, die einer Frau eine gewisse Freiheit gewährleisten konnten.

Die negativen Bemerkungen Annettes von Droste-Hülshoff über Sibylla Mertens-Schaaffhausen entbehren deshalb auch nicht der Mißgunst, des Ressentiments, des versteckten, vielleicht nicht bewußten Neides.

Mit Adele Schopenhauer hingegen, die ebenso einsam wie Annette von Droste-Hülshoff war, die auch unter einer dominierenden Mutter litt und sich enthusiastisch an Sibylla wie an eine Retterin aus einem ereignislosen Leben angeschlossen hatte, mit ihr verband Sibylla Mertens-Schaaffhausen eine innige Freundschaft bis zu Adeles Tod. Die gegenseitige Zuneigung konnte auch durch die gelegentliche Exzentrizität und die Eifersucht Adeles auf andere weibliche Bekannte Sibyllas und auf Louis Mertens nicht nachhaltig gestört werden.

Bereits kurz nachdem sie Sibylla 1828 kennengelernt hatte, schrieb Adele Schopenhauer an ihre Freundin Ottilie von Goethe nach Weimar: »Ich habe wieder eine menschlich weiche Neigung in meinem vor Kummer versteinten Herzen – zu einer Frau, die im Wesen Dir und mir gleicht, doch verschieden von beiden etwa zwischen uns zu stellen ist. Was sie alles getan hat, um mich zu gewinnen, aus welcher reinen Absicht, wie sie mittendrin die Absicht verloren und nur Gefühl geworden, das meine liebe Ottilie, ist zu groß und wunderlich, um es einem Wisch Papier anzuvertrauen, den Du doch herumliegen läßt. Genug, daß ich glaube, der Mertens Bekanntschaft kann einen Einfluß auf mein künftiges Leben gewinnen. Sie erinnert mich unaufhörlich an Dich, sie hat ungemein viel von Dir, nur ist sie gescheiter, und Du hast mehr Geist; sie ist gründlicher, Du vielseitiger gebildet – Sonst ist vieles so ähnlich, daß mir die Augen übergehen.

Doch paßt sie ins wirkliche Leben, sie ist von ihrem Vater erzogen. Sie hat sechs Kinder und ist außerordentlich reich. Wenn ich nicht mit Dir leben soll, Ottilie, so möchte ich da leben, wo die Mertens lebt, denn sie befriedigt mir Herz und Geist ...«

Adele Schopenhauer war mit ihrer Mutter Johanna an den Rhein gezogen, weil das Leben in Weimar zu kostspielig geworden war. Sibylla ließ die Damen Schopenhauer zunächst in ihrem Haus in Unkel wohnen, später hat Adele dann bei der Mertens in Bonn gelebt und ist auch mit ihr in Rom gewesen.

Immer wieder zeigte sich Adele entzückt über die Begabung zur Freundschaft, die Sibylla zeigte: »Du begreifst, daß die Mertens *eine Tiefe und Reinheit der Gefühle der Freundschaft hat, die selten sind; sie ist noch nie eine Minute kleinlich mir erschienen. Auch schwärmt sie nicht, menschlich und natürlich liebt sie mich mit meinen Fehlern, tadelt und lobt mich; aber ich sah sie die fürchterlichsten Schmerzen im Kopf bekommen, ich sah eine Todeskälte über ihren ganzen Körper sich ausbreiten – weil ich sehr heftige Herzweh hatte, die nicht krampfhaft waren und ihr gefährlich schienen. Sie lag die ganze Nacht auf meiner Bettdecke und tat kein Auge zu, denn sie bewachte mich, ob ich kränker würde; die zarte, vornehm erzogene Frau stand in der Küche und kochte für mich, damit ich nichts Schädliches (...) bekäme; sie kam in Hitze und Sturm, bei Tag und Nacht – sie würde ebenso auf einer Diele liegen und Wasser und Brot essen, wenn mir ein Gefallen damit geschähe.«*

An der Seite Sibyllas vergaß Adele so manche Verhärtung und Verkrustung ihres Wesens: *»Sie verschönt mein verkümmertes Dasein, sie erleichtert die Kette, die mich drückt, darum liebe ich sie dankbar, denn sie ist meine Wohltäterin: sie hat die Eisrinde meines Herzens gelöst.«*

Auch an Goethe hat Adele Schopenhauer über ihre Freundschaft mit Sibylla Mertens-Schaaffhausen berichtet, und in dem Brief an ihn entwirft sie ein detailliertes Porträt Sibyllas, die auf dem Auerhof als Gutsherrin, Mutter, Hausfrau lebte, darüber aber ihre Bildung nicht vernachlässigte: *»Dieses wunderbare Wesen entfaltet jetzt sich auf zweifache Weise so überreich, daß ich es nicht wohl zu vergleichen weiß, wenigstens nicht schriftlich. Während sie am Tage mit Schreiner, Schlosser, Wein- und Landbauer, Vergolder, Tapezierer, kurz mit allen Handwerkern als tüchtiger Sachkenner und Berater um die Wette arbeitet, mit den feinen Händen ungeheure Lasten hebt und immer im Denken und Tun als Praktiker den Nagel auf den Kopf trifft, liest sie abends mit der Mutter [Johanna Schopenhauer] mythologische Schriften oder Übersetzungen der Alten oder auch mit mir Ihre Werke. (...) Sibylla liest anders als alle Frauen, die ich* *bisher dergleichen Sachen habe lesen sehen; man fühlt, daß sie von Jugend auf im Umgang geistreicher Männer deren Anschauungsweisen gesehen und ebengenug davon angenommen hat, um nicht ihrer Eigentümlichkeit zu schaden ... (...) dann ist die Frau doch auch weder gelehrt noch pedantisch (...) sie lebt zum erstenmal mit mir und der Mutter mit Menschen, welche ihre Interessen teilen und ihr ihre Vorzüge nicht verdenken. Natürlich gibt das den Worten eine Jugendfrische, die mich fortreißt.«* Sibylla hat Goethe dann mehrmals Münzen und Gemmen für seine Sammlungen geschickt, er revanchierte sich mit Zeichnungen und Abschriften seiner Gedichte. Im Bonner Wohnhaus der Familie Mertens in der Wilhelmstraße 33 (nahe dem Kölntor), das 1832 fertiggestellt wurde, war Adele Schopenhauer ein häufiger Gast. Sibylla gab dort glänzende Feste, Gesellschaften und Hauskonzerte; Johanna Mockel ist bei ihr als Pianistin und Chorleiterin aufgetreten und soll bei Sibylla ihren späteren Mann Gottfried Kinkel kennengelernt haben.

Im Mai 1832 besuchte Ottilie von Goethe in Unkel Adele Schopenhauer und lernte Sibylla kennen; schon sehr bald befreundeten sich die beiden Frauen, auch das Verhältnis Ottilies zur englischen Schriftstellerin Anna Jameson, die damals bei Sibylla wohnte, wurde sehr eng. Als Ottilie 1834 schwanger wird (entweder vom irischen Studenten Charles Sterling oder von einem gewissen Captain Story), erweist sich Sibylla als Retterin in der Not.

Natürlich muss ein Skandal vermieden werden: Goethes Schwiegertochter, die Witwe seines Sohnes August, kann nicht in Weimar mit einem unehelichen Kind niederkommen.

Sibylla versorgt Ottilie heimlich mit Geld: *»Die vierhundert Gulden machen in unserm preußischen Gelde gerade 280 Taler ... ich habe mir überlegt (denn da Euer Gnaden nicht so gnädig waren, mir eine Summe zu bestimmen, so mußte ich überlegen), daß dies für die ersten drei Monate Ihres dortigen Aufenthaltes wohl reichen möchte:*

sind Sie dann so ungefähr zu Rande mit den Barschaften, so bitte ich mir eine neue Order (wie wir Bankiers sagen) aus, und sende dann gleich.«

Sibylla schickt Ottilie die gemeinsame Freundin Anna Jameson entgegen, und die beiden Frauen machen sich auf den Weg nach Wien. Aus Nürnberg schreibt Ottilie an ihre Wohltäterin: *»Ihren Brief, liebe Sibylle, mit Wechsel und Geld erhielt ich wenig Stunden vor meiner Abreise, und wenn ich auch in der großen Unruhe und Gemütsbewegung es unmöglich fand, Ihnen zu schreiben, daß ich beides erhielt, hatte ich doch, trotz dem wahren Schmerz, den ich fühlte, Raum für eine warme Empfindung der Dankbarkeit. Ich gehe mit dem langsamen, schweren Schritt eines Pilgers, der zwar den Gedanken in seiner Seele festhält, daß er wallfahrten muß, aber über den Ausgang der Pilgerfahrt unsicher ist. Hätte ich nicht geglaubt, es sei eine Pflicht, diese Reise zur Herstellung meiner körperlichen und geistigen Gesundheit zu unternehmen, glauben Sie mir, ich würde nicht gegangen sein, und ich würde noch weniger den Mut gehabt haben den Beistand meiner Freunde zu verlangen.«*

Offiziell befand sich Ottilie von Goethe auf einer Bildungsreise und schickte zur Tarnung gleich dutzendweise Museumskataloge und ähnliches Material nach Weimar. Nur in den Briefen an Sibylla Mertens-Schaaffhausen berichtet sie von ihren Ängsten und Qualen, so am 16. Januar 1835: *»Ich danke Ihnen wie eine Art von Glück, daß meine Feder auch einmal weinen darf ... wenigstens habe ich meinen Zweck erreicht, und die Meinen scheinen ziemlich beruhigt ... ich möchte sagen, litte ich nicht durch tausend Dinge, ich litte noch mehr, denn der Gedanke, frei von Schmerz auszugehen, wo ich so vieler Glück und Ruhe in Gefahr gebracht, wäre mir noch quälender. Wären Sie nicht, ich könnte sagen, ich gehe aus der Welt, ohne eine Schuld rückständig zu haben; – Alles, alles bezahlte ich ja, was das Leben mir bot, jedes Glück, jeden Augenblick Täuschung, ja nicht ein Verhältnis löste sich für mich, bis ich den letzten* bittern Tropfen geleert, nichts blieb ungewiß, in mildem Halbdunkel verhüllt. Alles mußte wie in einer ordentlichen Rechnung bis zum wirklichen Abschluß gebracht sein.«

Am 15. Februar 1835 bringt Ottilie eine Tochter zur Welt, der sie aus Dankbarkeit für die beiden Freundinnen den Namen Anna-Sibylle gibt; die Kosten für die Pflegeeltern übernimmt Sibylla Mertens-Schaaffhausen.

Ottilie kehrt nach Weimar zurück, Sibylla reist nach Genua, um ihre angegriffene Gesundheit wieder herzustellen. Bald schon ist sie von der Hafenstadt so begeistert, daß sie ihre alte Lebhaftigkeit zurückgewinnt und es ihr zusehends besser geht. *»Ich habe ein Haus gemietet, vor einer Stunde erst meinen Schreibtisch wieder etabliert und sitze jetzt in einem großen hohen Saal der vormaligen Casa Grimaidi, am Hafen, diesen und einen Teil des Panoramas überschauend: weit vor mir Horizont und Meer. Unten schreien und lärmen Matrosen, Facchinis, Zitronen- und Kuchenverkäufer, Marmorschleifer, Bettelbuben, Esel und Maulesel, Holzhändler und die zahlreichen Käufer. (...) Und nun abends, wenn die Dämmerung sich über Berge und Flut lagert und Horizont und Meer in eins verschwimmen, dann entzündet sich die weithin leuchtende Flamme der Fanale, der Hafengeneral durchfliegt in reichbemannter glänzender Barke die Kreislinie des Hafens, die Glocken von Carignano, San Lorenzo und Annunziata und unzähliger anderer Kirchen läuten den Abendsegen, und das Geschütz des Hafenwalles grüßt die nahende Nacht. Dann fahre ich hinaus in der kleinen Gondel, die mein munterer Gondelier Tonino mit graziöser Kraft durch die Fluten lenkt, quer durch den Hafen, am Molo vorbei und dann hinaus auf die stille Weite des purpurnen Meeres – es ist über alle Worte!«*

Doch Sibyllas völlige Gesundung wird erst – paradoxerweise – durch die Choleraepidemie erreicht. In einer Situation, die tatkräftiges Handeln erfordert, hat Sibylla endlich wieder einmal das Gefühl, etwas Sinnvolles zu tun. Sie sorgt für die Waisen, die durch die Seuche ihre Eltern verloren haben, veranstaltet Geld- und Kleidersammlungen und kümmert sich darum, daß die Kinder Schulunterricht erhalten. »*Diese Tätigkeit inmitten eines großen, allgemeinen Unglücks hat mich erhalten und gekräftigt, ich habe einen Lebenszweck gewonnen gerade dort, wo nur Tod keimte. Das Leben hatte längst keinen Reiz mehr für mich; die Apathie, an der ich seit langem leide, machte mir die Gefahr gleichgültig, und als ich nun die Mittel sah, nützlich zu sein, schwand diese Apathie, die bisher aller Kunst der Ärzte widerstand, und ich gewann einen Teil der alten Kraft, der alten Tätigkeit, der alten Jugendfrische zurück. Menschen, Natur, Kunst, alles hat für mich den früheren Reiz wieder erworben, und ich bin an diesem ungeheuern Elend geistig gesundet.*«

Sibylla plant auch, Anna Jameson nach Wien zu schicken, um Ottilies Tochter dort abzuholen. Sie will das kleine Mädchen, nach dem sich die Weimarer Freundin sehnt, als angebliche Cholerawaise in ihr Haus aufnehmen und sie dann Ottilie als Pflegetochter überlassen. »*Die Cholera, welche hier furchtbar wütete ... wirft alle Waisen in meine Arme, und so haben wir einen Haltpunkt, den Glück und Zufall nicht besser senden konnten als hier Tod und Elend ihn uns zuführen. Seien Sie also ruhig wegen Anna! ... vielleicht, wenn ich bis zum Frühjahr hierbleibe, kommt Anna [Jameson] nach Genua und läßt entweder das Kind hierher bringen oder holt es selbst hierher: mir, gerade mir – wie sonderbar – stehen in diesem Augenblicke alle Pfade frei, um ein Kind unter irgendeinem Name [in] irgendein Verhältnis zu bringen ... Nur müssen Sie erlauben, daß die kleine Anna zur Annietta wird, d. h. statt der Engländerin sende ich Ihnen eine genuesische Italienerin!*«

Aber die Vorbereitungen ziehen sich hin, und die kleine Anna stirbt im Sommer 1836 in Wien an der Auszehrung. Sibylla schreibt an Adele Schopenhauer: »*Daß ich des Todes der Kleinen nicht zu gedenken scheine, nimm mir nicht übel; es ist gut so – aber in mir bleibt ein großer, unaustilgbarer Schmerz – den ich zwar meinem Bewußtsein nach nicht verschulde, aber das sind alles nur Casuistereien, und mein inneres Herz kann leider nicht erstarren, selbst nicht an den Menschen – wie wenig können ihm daher Redensarten gegen das Menschliche, Naturgemäße helfen. Aber Geld muß Ottilie gerade jetzt haben – das versteht mein Verstand!«*

In Genua wird Sibylla Mertens-Schaaffhausen als selbstlose Helferin gefeiert. Man nennt sie nur noch „la Principessa tedesca", und der König verleiht ihr in Anerkennung ihrer Verdienste eine goldene Medaille. Die Droste mäkelt: *»Der König hat eine eigne große goldne Medaille für und auf die Mertens schlagen lassen, und Du kannst denken, daß sie seitdem nicht mehr geht, sondern schwebt, oder vielmehr auf dem Kopfe steht.«*

Unter den Adligen und Gelehrten Genuas gewinnt Sibylla viele Freunde, sie korrespondiert mit Altphilologen, Altertumsforschern und Historikern, kauft wertvolle Bücher für die Bonner Universitätsbibliothek, für den botanischen Garten seltene Pflanzen. Auch erwirbt sie so manches Kunstwerk für deutsche Museen.

Aber in Deutschland fühlt sie sich – nach den langen Aufenthalten in Genua – nicht mehr so recht wohl – alles erscheint ihr eng und kleinlich.

Völlig unerwartet stirbt 1842, gerade einundsechzigjährig, Louis Mertens. Annette von Droste-Hülshoff, die auf der Rückreise von Meersburg kurz in Bonn Station machte, schreibt ihrer Mutter: *»Herrn Mertens fand ich sehr aufgedunsen und übel aussehend, und seine Frau zu ihrer Ehre sehr niedergeschlagen darüber.*

Ich ging den letzten Vormittag noch zu Mertens, der mir sagte, daß er noch an diesem Tage nach St. Thomas fahren werde, einer ihm gehörigen Fabrik, 6 – 7 Stunden von Bonn. Als ich am folgenden

Tage das Dampfboot bestieg, war das erste Wort, was ich da hörte, daß Herr Mertens gestern nach St. Thomas gefahren und heute morgen dort tot im Bett gefunden sei. Du kannst denken, wie ich mich erschreckt.«

Nach dem Tod des Ehemanns macht sich Sibylla einige durchaus selbstkritische Gedanken über ihre gescheiterte Ehe; sie schreibt in ihr Tagebuch: »Armer Louis! Auch ich war Dir kein Glück! Was war Dir ein Glück? Nicht der Besitz, nicht die Arbeit, nicht der Genuß des unabhängigen Lebens, nicht die Güter, die Du doch liebtest, nicht der Reichtum, den zu erwerben Du Dich mühtest, nicht das Haus und seine Stille, nicht die Welt und ihre Freuden! Dir war es geweigert vom harten Schicksal, Dich des Erfreulichen in heiterer, behaglicher Ruhe zu freuen, und der Erde Güter, die Du erstrebtest, wurden Dir eine Last! Und doch, wer weiß, ob unter andern Bedingungen des Lebens Du nicht zufrieden, glücklich geworden wärst? Wer weiß, ob ich selbst nicht die Hemmung war Deines Glückes? Diese so ganz verschiedenen Ansichten, Tendenzen, Bedingungen und Wünsche konnten ja wohl nicht freundlich sich nebeneinander bewegen! Armer Louis! Vergib mir es, wenn ich hemmend, störend in Dein Leben trat! Mein gebrochenes Lebensglück vergab ich Dir längst.«

Und einige Tage später notiert sie: »Außerdem hat eine unglückliche Ehe den moralischen Nachteil, daß man durch die Gewohnheit, unter den Fehlern und Torheiten des andern zu leiden, und durch die daraus entspringende große Gereiztheit scharf und gereizt überhaupt wird gegen die Fehler der Mitmenschen und sie zuletzt nicht mehr bloß beklagt und duldet, sondern über sie zürnt, weil man sie fast für bösen Willen ansieht. Es wäre schön und würdig, wenn es gelänge, in solchen Verhältnissen neben der Kraft des Widerstandes sich die Weichheit des Herzens und die stille Freudigkeit des Gemütes zu erhalten: vor allem die echte Liebe, die kämpft, duldet und vergibt.«

Die Ordnung des Nachlasses wurde schwierig; Sibylla war per Gesetz die Erbin der Hälfte des Vermögens, die andere Hälfte stand den Kindern zu, die nun gemeinsam die Auszahlung ihrer jeweiligen Anteile verlangten. Doch an Barvermögen war nicht viel vorhanden, also mussten Häuser und Grundstücke verkauft werden, auch der geliebte Auerhof. Da diese Transaktionen ihre Zeit brauchten, Sibylla nicht bereit war, sich von ihren Sammlungen zu trennen, die sie später geschlossen einem Museum stiften wollte, kam es zu unerfreulichem Streit mit den Kindern und Schwiegerkindern, die sich über die Verzögerungen ärgerten.

Adele Schopenhauers Wunsch für Sibylla, nachdem sie vom Tod Louis Mertens' erfahren hatte, sollte nicht in Erfüllung gehen: »*Wenn die Kinder nur recht gut sind, recht lieb! Wenn sie nur fühlen, wie unendlich gut Dein Herz immer war! Wie Du gelitten! Jetzt, wo sie nur Dich haben, ganz abhängen von Dir, wenn sie nur jetzt alles vergessen und nur Herz zu Herz Dir nahestehen!*«

Und bald schon muss die Droste Sibylla Mertens-Schaaffhausen trösten: »*Was Du mir von Deinen Verhältnissen schreibst, alte Billa, hat mich betrübt und sehr gerührt. Ach, das Mein und Dein! Es ist wirklich ein Scheidewasser, was alles in der Welt zersetzt! Ich hoffe, dieser Brief findet alles besser, wie der Deinige es verlassen hat, jedenfalls bist Du rein aus dem Geschäftsschlamme hervorgegangen, denn Deine Vorschläge waren doch gewiß großmütig genug, und ich habe Dich dafür in Gedanken so fest an mich gedrückt, wie Du es in der Wirklichkeit schwerlich würdest gelitten haben, Du Noli me tangere!*«

So oft es nur ging, floh Sibylla aus Bonn, weil sie die Auseinandersetzungen arg angriffen; so besuchte sie 1843 Annette von Droste-Hülshoff im Rüschhaus und hielt sich einige Zeit in Münster auf. Die Droste konnte immer noch nicht zur alten unbefangenen Herzlichkeit im täglichen Umgang mit Sibylla zurückkehren. Aber nach deren Abreise schrieb sie ihr voller Wehmut: »*Alte Billa, weißt Du, wie lange wir uns schon liebhaben? Im Herbste werden es achtzehn Jahre, und ich darf schon eine ehrwürdige Anciennität in Anspruch nehmen. Vergiß das nicht zwischen Deinen Schwarzaugen, deren Freundschaft kaum trocken hinter den Ohren ist. In sieben Jahren können wir unsere silberne Hochzeit feiern. Mit silbernen Haaren? (...)*

Ach! Ich schreibe dummes Zeug, und wozu bist Du anders da, als um es zu lesen? Wozu hat man Freunde, als um ihnen aufzutischen, womit man andern Leuten nicht kommen darf? Also, mein kleiner schwarzer Araber, wir wollen die sieben Jahre richtig ableben und – wenn's gelingt – noch fünfundzwanzig dazu, bis zur goldenen Hochzeit, um alles nachzuholen, was wir uns in den achtzehn Jahren mitunter haben abhanden kommen lassen, allen Mitschmerz, alle Mitfreude, nicht wahr, mein gutes Herz? Ich wollte, wir hätten jetzt wieder ein paar von den Bonner Wochen, die wir so schändlich verschleudert haben.«

1844 ging Sibylla zusammen mit Adele Schopenhauer nach Rom. Sie mietete sich im Palazzo Poli eine Wohnung und lebte sich sehr schnell ein. Ihrer Stiefschwester Lilla gestand sie schon nach kürzester Zeit, dass Rom ihr fast heimatlich geworden sei. Jeden Dienstag gab Sibylla ihre bald in der ganzen Stadt berühmten Empfänge; ihr römischer Salon war weitaus glänzender als ihre Gesellschaften in Bonn. Jeder in Rom, der auf sich hielt und dazugehören wollte, war begierig, eine Einladung Sibyllas zu erhalten. Sie sah Gelehrte, Adlige, Kirchenfürsten, Mitglieder der preußischen Gesandtschaft bei sich, lernte die Schriftstellerin Fanny Lewald kennen und feierte Wiedersehen mit Ottilie von Goethe.

In Deutschland kursierten z. T. abenteuerliche Gerüchte über Sibyllas Leben in Rom; so schrieb die Droste z. B. einer Verwandten: »*Ist es denn wahr, daß die Mertens sich in Italien mit einem Marchese wieder verheuratet hat? Hier heißt es überall so. Das wäre ja toll!*«

Geliebt und geachtet, der Mittelpunkt eines Kreises gebildeter und interessanter Menschen, hat Sibylla Rom nie gern verlassen. Ihre gelegentlichen Besuche in Bonn wurden immer peinlicher und quälender, denn ihre Kinder prozessierten mittlerweile gegen sie.

Als Sibylla wegen der leidigen Erbschaftsgeschichten 1847/48 an den Rhein reiste, blieb Adele in Italien. Sie verbrachte den Winter in Florenz und erkrankte schwer. Der Unterleibskrebs, an dem sie seit Jahren litt, brach mit ungeahnter Heftigkeit aus.

Im Juli 1849 kommt Adele todkrank nach Bonn und wird in ihren letzten Lebenswochen von Sibylla liebevoll umsorgt und gepflegt.

»Arme Sibylle, daß Du mich überleben mußt! Wie wirst Du es ertragen können, das Leben ohne Deine Adele? (...) Sei stark Sibylle, sei stark! Wir dürfen nicht schwach sein. Wir nicht! (...) Ich fürchte mich nicht vor dem Sterben, nein, nicht vor dem Sterben; aber ich bange vor den Schmerzen. Ach, Sibylle, laß mich nicht zu sehr leiden! Ende die Qualen, ehe mich die Verzweiflung faßt! Gib mir etwas dann, was sie endet. Es ist kein Unrecht, es ist Mitleid. (...) Wenn ich sterbe, will ich ganz einfach begraben werden, ohne alles Gepränge und große Reden. Das wäre wohl ein Text: Was man von ihr kannte, war Gutes!«

Am 25. August 1849 starb Adele Schopenhauer in Bonn. Sibylla vertraute ihrem Tagebuch ihren Kummer an: *»Was ich verloren habe durch diesen Tod, ist unersetzlich. Worte können meine Empfindung nicht ausdrücken.«*

Dann berichtet sie über die Beerdigung, die an Goethes 100. Geburtstag, am 28. August 1849, stattfand, und von ihrer kleinen privaten Totenfeier.

Der von Sibylla auf dem Alten Friedhof errichtete Grabstein feiert die Verstorbene in italienischer Sprache – zur Erinnerung an die glücklichen Jahre in Rom.

Ottilie von Goethe, die noch nach Bonn gekommen war, um von Adele Abschied zu nehmen, litt ebenfalls unter dem Tod der Freundin: »Warum kann nur dies Blatt zu Dir, liebe Sibylle, warum nicht ich, warum wußte ich nicht, daß Adelens Ende so nahe sei, daß ich geblieben wäre, wenn auch nicht ihr, doch Dir zum Trost. (...) Mir ist, als könnte ich an meine Jugend und Kindheit nicht mehr denken, als hätte ich sie mit Adelens Tod verloren, mir ist, als käme ich in ein altes Haus zurück, wo ich früher heimisch war, der Flügel aber, wo ich meine Zimmer hatte, wo ich Glück und Unglück erfahren, wäre abgebrochen. (...) Ich bin doch eine Art Vermächtnis Adelens für Dich, denn durch sie haben wir uns kennengelernt. So laß uns fest aneinanderhalten. Kann ich Dir auch nicht viel geben, nun so kann ich doch viel von Dir empfangen, und das wird Dir auch etwas sein.«

Endlich 1852 endete Sibyllas Streit mit ihren Kindern mit einem gerichtlichen Vergleich. Ihre Gesundheit war durch die nervenaufreibenden Ereignisse so angegriffen, daß sie noch mehrere Jahre in Bonn bleiben musste, stets kränkelnd, und sich bemühte, ihr Restvermögen und ihre Sammlungen zu ordnen. Erbittert schrieb sie an Ottilie von Goethe: »Es liegt hinter mir! Leider liegen zehn Lebensjahre in jenem dumpfen Grabe, welches Habsucht und Unredlichkeit mir gruben. (...) Ich frage Dich: ist es noch der Mühe wert, etwas zu verwenden an dieses zerstörte Uhrwerk, und was kann, was soll geschehen? Ich frage das, weil der Gedanke an Adele mir nicht Ruhe läßt, mich verkommen zu lassen, wie es mir allerdings am behaglichsten und zusagendsten wäre! Im Augenblick, als der Ausgleichungsakt gezeichnet war, hatte ich die Empfindung, als sterbe Adele mir eben jetzt! Sie hatte die bösen Tage mit mir geteilt, sie hatte unter dem Einfluß jener Hemmungen meiner persönlichen Freiheit *gelitten ... Nun mir Friede, Ruhe, Freiheit wird, ist sie tot. Ach! Du wirst es begreifen, daß mir aller Lebensmut fehlt. Solange es galt, zu kämpfen für mein Recht und meine Ehre, konnte ich mir immer wieder neue Schwungkraft erringen. Jetzt habe ich nur die Überzeugung, ... daß ich vor sechs Jahren meinen Gegnern einen schweren Sack mit Geld hätte vor die Füße werfen sollen, bevor mein Geist gebrochen wurde ...«*

Erst im Herbst 1855 war Sibylla soweit gekräftigt, daß sie ihren Haushalt auflösen konnte. In Dresden hatte Sibylla Ottilie von Goethe noch einmal besucht, die ihr nach dem zweitägigen Beisammensein schrieb: »*Du warst wie ein Vogel, den man schweren Herzens ziehen sieht, doch nein – plötzlich, wo wir schon unsere Augen anstrengten, um seinem Flug zu folgen, kreist er plötzlich über unsern Häuptern und sieh, er setzt sich auf einen nahen Baum und singt uns sein Abschiedslied. Und das Zeugnis muß ich Dir geben, liebe Sibylle, Du hast recht lieblich und schön während der zwei Tage Deines Hierseins gesungen.*«

Am 19. Dezember 1856 kommt Sibylla – via Frankreich – in Rom, ihrer zweiten Heimat, an. Schon der erste Brief an Ottilie von Goethe ist glücklich und heiter: »*Seit ich in Civitavecchia landete, ist das Wetter wundervoll schön, der Himmel blau, die Sonne warm; Hunderttausende von Lerchen, Drosseln und Wachteln flogen bei meiner Herfahrt, die ich allein im offenen Wagen machte, über den schon grünen Saatfeldern; die Stoppelfelder des vorigen Sommers waren bedeckt von großen Horden weidender Pferde, Schafe und Rindvieh. Ich bin kaum jemals in meinem Leben so froh gestimmt gewesen wie auf dieser Fahrt, die mich zum Ziel eines jahrelangen Strebens führte.*«

Doch Sibylla Mertens-Schaaffhausen hat den so sehnsüchtig herbeigewünschten Aufenthalt in Rom nicht lange genießen können. Im Juli 1857 befiel sie eine fiebrige Erkrankung, die sich rasch verschlimmerte; Sibylla, ohnehin noch geschwächt durch die Aufregungen der letzten Jahre, war nicht kräftig genug, um ihre Krankheit zu überstehen.

Am 22. Oktober 1857 starb diese außergewöhnliche, reich begabte und doch so unglückliche Frau, umgeben von wenigen Freunden. Ihr Grab befindet sich im Vatikan, auf dem Campo Santo Teutonico, dem deutschen katholischen Friedhof. Ihre wertvollen Sammlungen, Sibyllas ganzer Stolz, sollten, ihren Plänen zufolge, noch zu ihren Lebzeiten als Schenkungen an Museen gehen, was aber nur in wenigen Fällen geschah. Ihr Lebenswerk wurde in mehreren Auktionen versteigert, damit die Sammlung „in alle Winde" verstreut.

Ottilie von Goethe musste lange Zeit suchen, um die verschiedenen Käufer der Hinterlassenschaft zu ermitteln, damit sie wenigstens das zurückkaufen konnte, was Sibylla ihr als Andenken versprochen hatte.

Bildnachweis

akg-images:
Adele Schopenhauer (Zeichnung Sternberg)

Deutsches Literaturarchiv Marbach, Digitalisierung/Fotostelle:
Charlotte von Kalb (Porträt Johann Heinrich Wilhelm Tischbein)
[C20040305-18]

Klassik Stiftung Weimar, Digitaler Service, Digitalisierungszentrum und Fotothek:
Anna Amalia von Sachsen-Weimar: Johann Ernst Heinsius (?) oder Schuchmann nach Johann Georg Ziesenis (1716 – 1776) [Id 437 KGa/00268];
Ottilie von Pogwisch: Kreidezeichnung von Franz Heinrich Müller (1793 – 1866) [215686];
Schloss Tiefurt: Tuschezeichnung von Konrad Westermayr (1765 – 1834) [202420]

Österreichische Nationalbibliothek Wien, Bildarchiv und Grafiksammlung:
Johanna Schopenhauer (Johanna Trosiener) [PORT_00013666_01]

Stadtarchiv und Wissenschaftliche Stadtbibliothek Bonn, Grafische Sammlung:
Sibylla Mertens-Schaaffhausen: Reproduktion einer Kreidezeichnung von Louis Krevel, 1801 – 1876 [DA06_3606];
Cölnthor (Wilhelmplatz – mit Blick in die Wilhelmstraße, um 1835) [Grafik_0785]

Universitäts- und Landesbibliothek Bonn, Abt. Handschriften und Rara:
Charlotte von Stein: Postkarte, Verlag E. Schulte, Weimar [NL Lamprecht: 49: 524];
Christiane Vulpius: Postkarte, Verlag Alt-Weimar [NL Lamprecht: 49: 572]

Textnachweis

Der Abdruck aus: Günter de Bruyn: Das Leben des Jean Paul Friedrich Richter. Frankfurt 1976. S. 175 f. [in diesem Band S. 107] erfolgt mit freundlicher Genehmigung von S. Fischer Verlag GmbH, Frankfurt am Main.

Der Abdruck aus: Thomas Mann: Lotte in Weimar. Roman. In der Fassung der Großen kommentierten Frankfurter Ausgabe. 2. Aufl. Frankfurt am Main: Fischer Taschenbuch Verlag 2016. S. 131 f. [in diesem Band S. 113] erfolgt mit freundlicher Genehmigung von S. Fischer Verlag GmbH, Frankfurt am Main.

Die Beiträge von Doris Maurer zu Anna Amalia von Sachsen-Weimar und zu Johanna und Adele Schopenhauer erschienen in veränderter Form in „Die Zeit" (Ein Glück für Weimar. Die Zeit 34/1994; Bestseller und Scherenschnitte. Johanna und Adele Schopenhauer – auch ein Kapitel Frauengeschichte. Die Zeit. Nr 1/1989).

Aus der Edition Bonn-Venedig:

Lorenzo Bottazzo:
Venedig.
Ein Stadtrundgang in Zahlen

44 Seiten
ISBN 978-3-9816870-4-0

Statistisches Material über die Lagunenstadt wird hier in einen gut lesbaren Text gefasst.

Giovanni Distefano
Wie Venedig entstand

48 Seiten
ISBN 978-3-9816870-5-7

Ein „kurzer Blick" auf Entstehung, Geschichte und aktuelle Probleme Venedigs

Danilo Reato
Die Masken der Serenissima

92 Seiten
ISBN 978-3-9816870-9-5

Zur Geschichte der historischen Kostümierung in Venedig während des Karnevals und darüber hinaus.

Zu beziehen über Ihre Buchhandlung
www.bonner-verlags-comptoir.de